文史哲學集成

欒調甫著

齊民要術考證

文史哲出版社印行

國立中央圖書館出版品預行編目資料

齊民要術考證 / 欒調甫著. -- 初版. -- 臺北市
: 文史哲, 民83
面 ; 公分. -- (文史哲學集成 ; 304)
參考書目:面
ISBN 957-547-837-1(平裝)

1. 齊民要術 - 批評,解釋等 2. 農業 - 中國

430.112 82009960

304 文史哲學集成

齊民要術考證

著者：欒調甫
出版者：文史哲出版社
登記證字號：行政院新聞局局版臺業字五三三七號
發行人：彭正雄
發行所：文史哲出版社
印刷者：文史哲出版社
台北市羅斯福路一段七十二巷四號
郵撥〇五一二八八一二彭正雄帳戶
電話：三五一一〇二八

實價新台幣二六〇元

中華民國八十三年四月初版

ISBN 957-547-837-1

齊民要術考證　目次

作者簡介

欒調甫，山東省蓬萊縣人。一八八九年五月一日（光緒十五年己丑四月二日）出生於上海；一九七二年十二月五日病逝於濟南。享年八十四歲。原名欒廷梅，字調甫，後以字行，文號山東侉子，老一輩學人每喜以「侉公」見稱。他曾任齊魯大學、山東大學、山東師範學院等校教授，齊魯大學國學研究所主任、文學系主任等職；並任山東省立圖書館設計委員會委員、山東省科學院研究員等兼職。晚年，曾出任山東省博物館館員、山東省文史研究館館員、館長、山東省政協委員、常委等職。

先生祖籍，登州府蓬萊縣城西南鄉蔚陽山西吳家村，世代務農。咸豐年間，兵燹馬亂，匪盜橫生，災荒頻仍，民不聊生，一八六一年（咸豐十一年）一場大旱，闔家逃荒流落到了蓬萊縣城。

欒調甫童年，正值清廷腐敗和列強侵華時期，處在國內維新和革命活動的高潮；又是西學東漸、格致之學方興未艾之時，新舊交替，中西交織，一個大變革時代。天災人禍，國難家愁，其父欒學謙獨闢蹊徑，隻身孤影遠走上海謀生，職位起碼，薪資微薄，九口之家，寅吃卯糧，囊中羞澀。欒調甫兄出嗣，弟夭折，他成了單傳獨子，甚得父愛。其父垂髫之年，無力進校讀書，十三歲仍目不識丁，大有失學之疼，深受文盲之苦。每念及此，望子成龍心切。正由於斯，欒調甫五歲時復去上海父親身邊。接受嚴父啓蒙教育。

欒調甫性耽書卷，他與生俱來的天賦賜予他超常記憶和敏銳思維；他與貧同在的家境又磨煉出他吃苦耐勞和堅韌不拔的意志，他學習神速，收穫頗豐。

長安居大不易！童年的欒調甫孌像個流浪兒，從上海返回縣城，從城里再去鄉下，幾度春秋，幾度流落，風雨飄搖，往返無常，生活坎坷不定。六歲，入上海明強學堂，未及半載，失學返里；九歲，他又來上海，復入明強學堂，前度劉郎，不足半年，又遭失學。這期間，他在蓬萊城英文義館學過英文，在宋家疃鄉下教會義塾讀過四書五經。他讀得認眞，學的踏實，奠定了英、漢兩文基礎。日後，譯書謀生，博覽中外群書，破釋《墨經》，研讀外文邏輯，因明之術，走上繼承和發揚祖國古文化之路，皆根基於此。這種零打碎敲的學習，又使他從零碎中求完整，自覺不自覺地養成一種自修和自學習慣，日後，他成了一位歷史上罕見、完全靠自學成材的楷模，聞名遐邇，聲名遠播，也是有賴於此時的少年貧。

欒調甫十三歲時，離開家鄉又來到上海，在其父供職的格致書院當小夥計，打工吃睡之外，他整個靈魂沉浸入書院的書叢之中，通讀自然科學諸科書刊，日後，他能研究墨子科學，精闢墨子光學，也是有賴於幼年時的近朱者赤。他孜孜矻矻，寒冬酷暑，夙夜不懈，盡讀萬卷書，廣知中外事。當時著名翻譯家英人傅蘭雅曾稱欒調甫爲奇才，預言其來日必定有成。欒調甫也深爲其父所重視，父親企盼他攻讀格致之學，走「科學救國」之路，只是，興致所致，他在博覽群書之中卻與古籍結下了不解因緣。日後，他追述道：「先君授讀理算諸科，亦不樂習，居唯涉獵《說部》之書。」就這樣，欒調甫十四歲即立志獻身國故的整理，走上了艱辛的自學成才之路，畢生不渝。

隨著年歲的增長，他似乎需要一個比較穩定的職業。早婚、早育的鄉俗使他十七歲結婚，十八歲育子，過早、過重地挑起了家庭重擔，促使他去尋求更爲廣闊的謀生之道。就這樣，他充分利用在義塾裡打下的英文基礎，自修、試譯外文資料，很快地幹起業餘外文翻譯。他又協助傅蘭雅創辦盲童學堂，他自學盲文，在硬片紙上勤學苦練打印盲字突點，當上了盲文教師。幾年之後，他又在元吉化驗室專事翻譯工業書，在濟南博醫會又以譯醫書爲業，……孤身隻影於人海茫茫、天涯淪落之中，任憑命運的擺弄。他離不開生活，更離不開學術研究，但是，不管命運將他拋向何方，都不能泯滅他那顆早已獻身祖國古文化的心志，囊螢映雪，鑽壁攻讀，他把整個工餘時光投入古籍書卷之中，餐風飲露，寒窗念載，致使雙耳失聰，兩度大病幾殆，家徒四壁，妻患癆疾，貧病交至，隔年而卒。他的自我犧牲，終於換得了不朽的貢獻，成了名不虛傳的學者，享譽海內外，彪炳於史冊之中。

欒調甫的前半生，在職業上處於極不穩定狀態，他拼搏在養家糊口和學術研究矛盾之中。既至三十六歲，他跨進了教育界，當了大學教授，生活漸趨穩定，有更多的精力致力於學術研究。

他是一位既無學歷、又無教學經驗，完全由學生推舉、學校納賢，而當上大學教授。他的教學生涯是在步履極度艱難的道路上起步的。一波三折，他要大膽地廢棄傳統的只讀詩詞古文的教學模式，而開設墨學講座，沒有教學大綱可依，沒有教材可循，一切自己動手，從零開始，緊迫感與責任心，使他忘卻人世間事，全力以赴投入教學之中。邊編講義，邊刻印臘板，邊登壇講授。有時他直接用鐵筆在臘紙上編刻講義，此情此景梁啓超初訪時碰上，不覺憂心忡忡，鼎力代燕京大學以高薪相聘請，苦慣了的欒調甫說他比起往昔，已是天淵之別。

欒調甫一生學術研究活動，大致可以劃分爲三個時期：早期，一九〇四～一九二五年（十五—三六歲），爲墨子研究時期；中期，一九二六～一九五一年（三七—六二歲），爲文字學研究時期；晚期，一九五二～一九六七年（六三—七八歲），爲晚年寫作時期。

一、墨子研究時期

年僅十三歲的欒調甫十分有興致地讀起古書來了。當他讀到先秦諸子諸書，《孟子》中言及墨子兼愛是無父、是禽獸，天下之言不歸楊即歸墨，他淺見寡聞，頗難理解，由此激發出他的好奇心，開始琢磨起墨子書來了。當他讀到《墨經》時，他說：「全是一些不成文的句子，看來看去，而且連句子還分辨不清，」一種責任感油然而生，他篤志於破釋《墨經》，要把這部絕學的全部奧秘揭示出來。興趣、好奇心、責任感，既有偶然，又有必然，驅使他攀登學術高峰。七年苦學，二十二歲寫下《名經注》，摘取了祖國古文化這顆寶珠。

二十年代初，梁啓超著《墨經校釋》一書披露於世，權威大作，一時轟動墨壇，欒調甫讀後深感梁啓超對《墨經》頗多删改和失解處，遂率筆直書《讀梁任公墨經校釋》一文，予以糾正。此文披露於世，震驚梁氏，轟動文壇，引起一場墨辯大論戰，寫下了墨辯新篇章，爲墨學研究樹立了新的里程碑，他也由此一鳴驚人，一舉成名，馳譽天下，進入文壇當了學者，踏上教育界當了大學教授。

在墨子研究時期，他「復以墨辯理解不易，復旁治邏輯、因明之術。」艱苦跋涉，漸入佳境，著有《名學》三部，日後，在大學裡開講座講授。

此期間，他發表墨子論文二十餘篇，墨學著作五部。欒調甫七年破釋絕學《墨經》，難能可貴，絕無僅有，頗獲不虞之譽，諸如：「一代墨學宗師」、「本世紀墨學名家」、「當代四大墨師之一」。

二、文字學研究時期

時值欒調甫的中年時代，他的學術研究重點轉向文學。他嘗謂：「壬戌著《讀梁任公墨經校釋》，就正於世，頗爲時流所許，然以古字義訓艱濇，未能概以今訓解之。」他有感於精通文字學乃繼承和發揚祖國文化之必需，遂又篤志於文字學研究。

欒調甫治理文字學，殫精竭慮，胼手胝足，前後近半個世紀，成稿百萬言。這一巨著，報刊上曾評論爲「出入漢宋，超越漢宋。」說他的《文字學》「創立《字系說》，包羅數千年漢字的發展，以極其簡單和爲數甚少的原文，統系萬千漢字，各有源流，各具演變。」「乃依據古今文字眞實資料，研究造字、用字之公例及其字形、聲音變遷諸規律，對於考訂古書字義、僞文貢獻最大，而於語言系統、國字改革以及史前之探古、古史之整理，均有裨助。」

此期間，他仍不遺餘力於考據學，他考據路數寬，幾乎無古不成考，不僅對古書有考，它如古印、古鏡、古幣、古文物、古跡名勝、五穀百科、風俗鄉習，……無所不考，有考必成文，放筆縱墨，著述宏富，頗多建樹，堪稱多產考據學家。

對《齊民要術》一書作了《作者考》、《版本考》、《引用書目考》三大考證，十餘萬言，農業界稱贊他爲「《齊民要術》研究開創之人」，「賈學第一功臣」。他對《聊齋》興致盎然，頗多研究；它如對古籍題跋、書識不下千篇。此期間，他仍不忘墨子研究，也有創見。

三、晚年寫作時期

他已屆花甲之年，値此有生之年，他致力於實現自己學術研究的後傳和舊稿整理兩大意願，前者，未形成氣候，五十年代後期即成泡影；後者，世事多忙，未能如願以償，他有感於世，「居嘗欲重定舊稿，以成一書，苦以人事牽累，不能澄心爲之，玆先所成諸稿，及擬作之書於此，其成事不成，亦視時之若何耳！」

六十年代末，與他朝夕相共的古籍書卷慘遭損壞，他的神經開始錯亂，半身不遂，不省人事，既至癱瘓，完全喪失了活動能力，他的學術研究也就此徹底結束，他將藏書全部捐獻給國家，還遺留下一大堆手稿，他深信黃河九曲，終必東流，他似乎在含笑離開了人間！

欒調甫秉性剛直不阿，正氣凜然，一九四二年春，在淪陷區濟南慘遭失業，兩年之中，子死妻亡，家破人散，絕境之中，他寧肯餓斃，決不腆顏事敵，堅決不就僞山東省圖書館館長僞職，飲冰茹柏，保持了民族氣節。五十年代，他被推選爲山東省政協委員、常委，參加到人民政治生活之中。

欒調甫不以名家自居，爲人平易謙和。人來函往，前來論學求教者，絡繹不絕，他總是先人後己，有求必應。生活儉樸、廉潔奉公，淡泊名利，自律甚嚴。早年，他在大學任教時，常年一身灰布長衫，人們稱其爲「穿長衫的大學教授」。

生前，他出版學術著作十五種，主編過叢刊三種，合編齊魯先哲遺著十七種，發表學術論文五十餘篇，題跋十餘篇。身後遺稿，既經清理，《文字學研究》百餘萬言，《齊民要術考證》十餘萬言，它如《聊齋》等雜文二十餘篇，題跋四十餘篇，藏書題識數百篇，校勘古籍三十餘部。

欒調甫伴隨著貧窮來到了人間，又伴隨著苦難離開了人世。在八十四度春秋的人生旅途中，他渡過了坎坷的一生，清貧的一生，孜孜不倦的一生，又是取得了學術上造極成就的一生！他的一生又是：流不盡的血和淚，吃不了的糠和渣，寫不完的筆和墨，敘不竟的悲和哀！

如今，欒調甫這本歷經十載奔波而不得出版的《齊民要術考證》手稿，深蒙當今著名學者王讚源教授的熱情推薦和出版社的鼎力相助下即將出版問世。有益於國於民之舉，著實令人崇仰欽慕不止，吾等更是感謝不盡。往日，原山東省文史研究館李駿昌館長，爲此書出版，十分關注，不遺餘力，想方設法，還有其他專家、教授的關心，在此一併道謝！

欒 登一九九三年五月二十日於濟南

《齊民要術》作者考

一、前　言

《齊民要術》作者賈思勰，根據本書各卷題款，知爲元魏時人，官至高陽太守，但《魏書》、《北史》都沒有賈思勰傳，各傳及志也沒有說到思勰的。《隋書・經籍誌》中雖收《要術》十卷，只注作者姓名，不言朝代官階，以後的史誌和官私書目，也都依隨本書題款著錄，沒有言及其生平事跡的，所以清《四庫書目提要》說是「作者始末未詳」了。按照史書記載遺漏看來，固然不易考詳作者始末，但據本書涉及時事各條，配合傳誌有關資料，還是可以考見崖略的，例如近人吳承仕根據本書，參證《魏書》、《北齊書》及《新唐書・宰相世系表》，認爲「東魏北齊間人，卒年當在天保以後。」又如清嘉慶重修《壽光縣誌・輿地四・益都》條附考中，在引《魏書・賈思伯傳》後附帶提到本書作者說，「賈思勰亦元魏人，與思伯、思同亦兄弟行。」這就是從本書聯繫到史傳的考證。但這兩個考證的結果，還是不能解決問題的，因爲吳氏考證作者年代，所立的五證還不免疏誤。《縣誌》雖然據排行的「思」字推定思勰爲二賈兄弟行，都沒有舉出其它有力的證佐。不過賈氏確爲當時士族，《魏書》、魏碑中尚不少概見。其連「思」字爲名者，如《魏書・傅永傳》有長史賈思祖，元碑敬使君碑有鎧曹賈思慶，高齊西門豹祠碑有東郡賈思勰。考其年代，賈思祖與二賈同時，魏碑立于思同卒年，齊碑又在其後十年。以其與二賈同時和先後相接來說，「思」爲當時賈宗排行的字是可能的。因此說來，《縣誌》據謂思勰爲二賈兄弟行，只是一個可能性的推測而已，不能用作解決作者始末的根據，這是值得我們重新爲之討論的。

往年，我同胡君立初校訂《要術》時，曾據本書有關作者本身的資料，推定作者賈思勰即史傳的賈思同。但當時因有幾個主要問題還需要詳證，所以在《齊民要術引用書目考證》一文中，只簡略地提到他們同治《左傳·杜注》的關係。及至考證完畢，已面臨抗戰前夕，一直擱置了二十年沒有去整理。最近接到西北農學院辛樹幟院長來信，和讀到石聲漢、萬國鼎二位教授的新著，使我知道在整理祖國遺產的偉大號召下，賈思勰已被選爲古代唯一的純粹農業科學家，並由石、萬二位教授肩起校釋《要術》全書的任務。在我極度興奮中，想到本書作者的問題，是應該提出來討論了。同時，辛、萬二位先生也給了極大的鼓勵，使我增加不少的力量。所以檢出舊稿，重新加以考證，寫成這篇文字，作爲討論的開端。

一九五六年七月二十日

二、賈思勰年代、籍貫、學業考

討論《齊民要術》作者賈思勰始末的問題，首先是根據本書有關作者本身的記載，按照年代、籍貫、學業分作三類，然後依類參合史傳資料考證之。

年代：

㈠卷七《造神曲并酒》篇，作糯米酒法自注云：《此元僕射家法》。案此為作者集錄各家作酒法之一，其云《元僕射》者為任城王澄子元順。據《魏書·諸王傳》考之，順在肅宗孝昌二年四月（公元五二六年），為吏部尚書兼右僕射。「後除征南將軍，右光祿大夫，轉兼左僕射。」至武泰元年四月（公元五二八年），爾朱榮南趨洛陽，濟河奉立莊帝，召百官悉至河陰。榮「素聞順數諫諍，惜其亮直。謂朱瑞曰：『可語元僕射，但在省，不須來。』順不達其旨，聞害衣冠，遂便出走，為陵戶鮮于康奴所害。」莊帝聞之敕侍中元祉曰：「元僕射清苦之節，死乃益彰。」順在生前死後，上下通稱僕射，作者錄其作酒法，謂之「元僕射家法」，正合當時之稱。其為同世人語，是毫無疑問的。因此據以考定年代，是在元魏肅宗之世。

㈡卷五《桑拓》篇「可以當食」句下自注云：「今自河以北，大家收百石，少者尚數十斛。故杜葛亂後饑饉薦臻，唯仰以全軀命。數州之內，民死而更生者，桑椹之力也。」這是作者為證明桑椹可以當食，所記當時河北亂後救饑的事實。「杜葛」是杜洛周和葛榮。案《魏書》肅、莊二帝本紀，杜洛周為柔玄鎮人，孝昌元年八月（公元五二五年）「率衆反于上洛」，後「為葛榮所并」。下至建義元年九月（公元五二八年），爾朱榮出師討葛榮，擒之于滏口：「冀定滄瀛殷五州平」，於是改為永安元年，所謂五州者，共領十八郡。除樂陵及兩安德郡在今山東省北部，其餘的十五郡同在今河北省境內，正當作者注文所謂「自河以北」之地。又《崔孝暐傳》云：「孝莊初，徵拜通直散騎常侍，……尋除趙郡太守。郡經葛榮離亂之後，民戶喪亡，六畜無遺，斗粟乃至數縑，民皆賣鬻兒女。夏椹大熟，孝暐勸民多收之，郡內乃安。」案趙郡爲殷州所領三郡之一，孝暐勸民多收桑椹郡內乃安，正合作者注文所謂「數州之內民死而生」之語。而《傳》云，「夏椹大熟」爲永安二年事，注文所謂「今」者當去是年不遠。因此據以考定年代，是在元魏莊帝之世。

㈢卷一《種穀》篇區種法下農大附注云：「西兗州刺史劉仁之，老成懿德，謂余言曰：『昔在洛陽，于宅田以七十步之地試爲區田，收粟三十六石。』然則一畝有過百石矣。」這是作者爲證明區種法的多產量，引其同時人劉仁之親身實驗的話。《魏書·劉仁之傳》，「仁之字山靜，……少有操尙……御史中尉元昭引爲御史，前廢帝時兼黃門侍郎，深爲爾朱世隆所信用。出帝初爲著作郎，兼中書令，……出除衛將軍西兗州刺史，在州有當時之譽，武定二年卒。……在晉陽曾營城雉，仁之統監作役，以小稽緩，遂杖前殷州刺史裴瑗，并州刺史王綽，齊獻武王大加譴責。」按《傳》云，「御史中尉元昭」，當爲彭城王勰子元劭。劭爲御史中尉在孝昌三年七月後（公元五二七年），這時仁之爲南青州刺史胡平長史，其爲御史當在是年十月前，「兼黃門侍郎」當在普泰元年（公元五三一年）。總計前後已有五個年頭，當即其謂「昔居洛陽」之日。《仁之傳》云「河南洛陽人」，又云「其先代人徙于洛」，當是從代隨都南遷的。自太和遷都（公元四九四年）以後，至是將近四十載。惟此五年中，變亂頻仍，國用不足，「百官絕祿」。把仁之在洛陽「試爲區田」，列在此時是合于事實的。其「爲著作郎」，在永熙元年（公元五三二年），其在晉陽「統監作役」，當爲是年七月高歡得并州，「以晉陽四塞」建大丞相府時。《傳》云「兼中書令」，據《北史·孟業傳》，靜帝天平三年（公元五三六年），仁之爲定州長史，未久入爲中書令，當即《傳》文所謂「兼」者，其後出爲西兗州刺史，當在元象元年（公元五三八年）八月間，至武定二年（公元五四四年）卒，凡六年。依照以上所考事年，惟及作者附注之文，應作于元象元年後，因此據以考定年代，是在東魏靜帝之世。

根據以上三條考證來說，自公元五二六—五三八年，一共是十二個整年，爲作者可考的年代，假如在這時期的初年，作者年在五十歲以上，生年當在太和元年（公元四七七年）前，卒年應在元象元年（公元五三八年）後，年紀在六十歲以上。

籍貫：

㈠卷一《耕田》篇崔實政論下附注云：「今自濟州已（以）西猶用長轅犁兩腳耬。長轅耕平地尚可，于山澗之間則不任用，且回轉至難費力，未若齊人蔚犁之柔便也。兩腳耬種壠稠亦不如一腳耬之得中也。」這是作者附記濟州以西用犁耬和齊人不同的情形。案濟州五郡之地在今山東西北部，所謂「齊人」是指當時青齊兩州人說的。本書附注言及齊者，如卷八《黃衣黃蒸及糵子》篇作黃衣法注云：「齊人喜當風揚去，此大謬。」又如卷六《養牛馬驢騾》篇家政法注云：「四月毒草與茭豆不殊，齊俗不收，所失大也。」這兩處說的「齊」也當依此爲釋。因作者在書中屢次提到齊人齊俗，故據以考定爲當時的青、齊兩州人。

㈡卷四《種椒》篇首附注云：「案今青州有蜀椒種，本商人居椒爲業，見椒中黑實，乃遂生意種之。凡種數千枚止有一根生。數歲之後，更結子實，芬芳香形色與蜀椒不殊，氣勢微弱耳。遂分佈栽移，略遍州境也。」這是記述青州種蜀椒的起源，和「分佈栽移，略遍州境」的事實。雖然始種之年未詳，以其不見故書舊記，當爲本州流傳之語。因作者的記述本子鄉里遺聞，故據以考定爲當時的青州人。

㈢卷四《種棗》篇首附注云：「案青州有樂氏棗，豐肌細核，多膏肥美，爲天下第一。父老相傳云，『樂毅破齊時，從燕攜來所種也。』齊郡西安、廣饒二縣所有名棗即是也。」這是作者記青州的名棗，及其得種和栽種的來由。案注文說的父老，當指其本州而言，可以佐證㈡條的考定。齊郡爲青州所領的首郡，西安、廣饒是其領屬的縣。因作者特爲提出產生名棗的兩縣，故據以考定爲當時的青州齊郡人。

根據以上三條考證來說，作者籍貫已經考至齊郡，而未能推定其縣者，因爲郡所領九縣，曰臨淄、曰昌國、曰益都、曰盤陽、曰平昌、曰廣饒、曰西安、曰安平、曰廣川。在《要術》正文和附注中，只見到西安、廣饒兩縣。據以考定作者屬籍的縣，是不會得出正確結論的。

學業：

《要術》全書集錄有關農業的資料，總計引用的書多至一百數十種。據所引用各書看來，作者學識是豐富的。就其援引經部傳注考之，《易》爲王異《易傳注》，《書》爲《孔氏傳》，《詩》爲《

毛公傳》，《周官禮記》爲《鄭玄注》，《春秋左傳》爲《杜預注》。這六部傳注，在南北朝時代，屬於南派經學。南派同北派爲對立之名，是按照其傳行地區分的。北派出於鄭玄，《詩》用《毛傳》、《鄭箋》，《易》、《書》、《禮》用《鄭注》，《左傳》用《服虔注》。南派興於魏晉，《詩》主《毛傳》，《禮》仍《鄭注》，《易》用《王弼注》，《書》用《孔氏傳》，《左傳》用《杜注》。按東晉初置五經博士，已廢鄭易，而立王弼。《書》及《左傳》，鄭服而外，復立孔杜。王、孔、杜三家同是魏晉間出的新傳注，也就是同鄭氏具有對立性的新學派。因此之故，三家盛行，鄭服漸廢。下至南北朝時期，遂形成南派經學。南派經學，初行於南，而未及北。及元魏中葉，逐年南侵，兼有河南青齊之地。南學始傳於北，而與鄭學併行。《北史·儒林傳》序云：「玄易書詩禮，……虔左氏春秋，……大行於河北。」又云：「晉世杜預注左氏，預玄孫坦，坦弟驥，於宋朝併爲青州刺史，傳其家業，故齊地多習之。」又云：「河南及青齊之間，儒生多講王輔嗣所注《周易》，師訓蓋寡。」其分述兩派傳注，以及傳行地區，和《杜注》傳授是明確可據的。而河南青齊之地，沒於晉永嘉之亂。其時孔氏經傳未出，王、杜兩《注》尚未大行。下至義熙年間，兩地復歸於晉，統計前後已過百年。在此百年淪陷期內，王、孔、杜三家的傳注當然不能傳行其地。至《序》云坦驥「傳其家業」，按《宋書》各傳及志考之，驥爲青州刺史，在元嘉十七年（公元四四〇年），二十四年徵爲左軍將軍，以其兄坦代爲刺史，而擔任至二十七年，總計兩任共十一年。又按本《傳》云，驥「在任八年，惠化著於齊土。」其在青州講授《杜注》，當即所謂「惠化」之一。這是坦驥兄弟「傳其家業」於青州的年證，也就是在此以前南學未入其地的事證。又按晉復青州在義熙六年（公元四一〇年），宋失青冀之地在泰始五年（公元四六九年），前後一共是六十年。在此六十年的時期內，齊地傳習《杜注》已經二十多年。從而推求王孔的《易注》書傳，應當是同時或先後傳入的。所以元魏得青州後，北朝著述兼涉南學。舉其事之顯然者，如範陽酈道元幼居青州，所著《水經注》兼引《孔傳》、杜預之說。清河房景先長還其鄉，所作五經疑問也有《尙書》胤征之問，以及《北史》序言河南青齊儒生講《王弼易》，其人其地都和青州綰連可用以證其然。作者賈思勰青州人，與酈、房二人同時。就其所引傳注言之，《杜注》、《孔傳》悉同今本，其爲南學已無疑問。而王異《易傳注》，據異爲東晉初人，著《周易注》十二卷。所謂《易傳注》，當係摘取異著《繫辭》以下四篇，爲王弼《易續注》合成的十卷本。因當時《續注》之本不下十家，而韓康伯《續注本》爲世所重，故作者別而謂之《易傳注》。其實仍屬王弼易學系統，例應歸於當時南派經學。又其引《詩》、《毛傳》不及《鄭箋》，引《書》、《孔傳》不取《鄭注》，引《左傳》、《杜注》不取《服說》，均與南學之黜鄭、服相應。因此，根據以上考證所得的結果，作者專治南派經學是肯定的。

總合以上三類的考定，作者是元魏時代的青州齊郡人，是一位學識豐富兼治南派經學的學者。生於公元四七七年前，卒於公元五三八年後，年紀約在六十歲以上。這是考證作者始末所能得出的初步結論。

三、賈思同年代、籍貫、學業考

賈思同附見《魏書》、《北史·賈思伯傳》中，今據兩書本傳及有關思同的記載，按照二章所分三類集錄，并依其次爲之考證於下：

年代：《魏書·賈思伯傳》云：「思伯弟思同字士明，少厲志行，雅好經史，釋褐彭城王國侍郎。」案高祖紀太和二十年正月（公元四九六年），「壬辰改封思平王勰爲彭城王」。思同「釋褐」王國侍郎應在是年彭城改封後。傳文雖然簡略，無從詳定其年。但據《崔鴻傳》云：「太和二十年拜彭城王國左常侍」，以王國常侍從第八品，王國侍郎爲第九品，兩人同在一年是可能的。次據《傳》云：「思伯釋褐奉朝請，太子步兵校尉，中書舍人，轉中書侍郎，頗爲高祖所知，常從征伐，及世宗即位，以及（侍）從之勤，轉輔國將軍。」思伯仕於太和之世，本傳已有明文可據。考其仕厲之年，以太子步兵校尉，爲太子侍從之官。而世宗於太和二十一年立爲皇太子，思伯自奉朝請遷步兵校尉當在是年。以奉朝請爲第六品，步兵校尉從第五品。論其品第相近，遷除時間不會很久的。依此推求思伯「釋褐」之年，應在自代遷都於洛前後。又按兗州賈使君碑云：「太和中起家爲奉朝請，……雖年始弱冠，便□□□公輔之□，稍遷揚烈將軍步兵校尉，□前軍將軍□拜，仍授輔國將□。」這段文字雖因原石泐損有闕字處，但配合傳大讀之還是可以通解的。碑文是說思伯在太和中起家奉朝請時年僅二十歲，後來在立皇太子時便遷爲揚烈將軍太子步兵校尉。到世宗即位後，遷前軍將軍不拜，仍授爲輔國將軍。

根據碑文來說，思伯釋褐奉朝請，方在弱冠之年。假定其時是太和十八年（公元四九四年），推其生年當在延興五年（公元四七五年），復據《傳》云：「初思伯與弟思同師事北海陰鳳」，及《北史傳》云：思同「與兄思伯少年時俱爲鄉里所重」。論其兄弟年齡相差應該不超過兩歲，因爲只有相差到這樣少的年齡，才能夠同師事陰鳳，「俱爲鄉里所重」。據此推證來說，假定思同釋褐王國侍郎，是在太和二十年彭城改封時，也和其兄思伯「年始弱冠」一樣，推其生年當在太和元年（公元四七七年），再據《傳》云思同卒於興和二年（公元五四〇年），自生年推至是年爲六十四歲。這二條考證的結語，因其原出兩個假定，固然不能認爲正確，但其歲數不會少到兩年的。

籍貫：《魏書・賈思伯傳》云「齊郡益都人」，兗州賈使君碑云「武威姑臧人」。按碑傳記述賈氏籍貫不同，以《北史・思伯傳》中「齊郡」句下有「其先自武威徙焉」七字，爲李延壽集錄史傳附加之句。依照其附加的語意來說，姑臧當爲思伯的舊貫，益都爲其徙居的新籍。今據賈碑參合《魏書・賈彝傳》考之，思伯九世祖賈敷爲武威姑臧人。自魏青龍二年（公元二三四年），敷爲幽州刺史，未至州境而亡，其子孫即家於廣川（今河北省棗強縣境內）。下至元魏天興元年（公元三九八年），才從廣川徙至益都。在一六五年中，前後經過兩次遷徙。雖然不是從武威直接遷到益都，但舊貫新籍的說法是講得通的。并且元魏碑誌中，關於籍貫的記述，和史傳歧異者不少。例如蔡儁碑云「陳留圉人也」，《北齊書・儁傳》云「廣寧石門人」，即爲舊貫新籍兩記，是可以助成其說的。次據《傳》云思同爲「青州大中正」，以大中正例選本州人士爲之，齊郡益都即青州領屬的郡縣，其爲賈氏的新籍既具有確證。而碑述思伯先人云「本州□中正」，也就證明其家早已寄籍益都了。按照以上的考證來說，關於思伯兄弟的籍貫，是應當以益都爲主的。從而根據賈墓的記載，考其里居所在的今地。一、宋趙明誠《金石錄（卷二十一）．東魏賈思同碑跋尾》云：「思同與其兄思伯《後魏書》皆有傳，云青州益都人，今其墓乃在壽光縣，而思伯之碑亡矣。」二、元于欽《齊乘（卷六）、人物類》云：「元魏賈思伯……弟思同俱好經史，思伯仕至都官尚書，……思同仕至侍中，今壽光南有墓碑。」三、清康熙本《壽光縣誌（卷十四）．冢墓考》云：「賈公墓在縣西南十里李二莊側，舊有碑云，遷鎮東大將軍使持節督青、徐、兗三州軍事開州（府），司徒如故，興和三年葬此，……今雙冢併列，其兄墓也。」總和三書言之，趙氏親見碑本，知其墓在壽光，于氏甄別人物，俱言墓在縣南。同以時有碑證，故能言之不疑。《縣誌》修於康熙中葉（公元一六九八年），出邑人安致遠之手。雖然其時碑已亡失，所錄碑文近於僞構。但賈氏兩丘至今還都存在，其地正在《誌》云「李二莊側」。所謂「墓在縣西南十里」，也和「壽光南」之說相應。據地考古證今，無不合若符節。其言等於實記，是毫無疑問的。至於二賈爲元魏益都人，而其墓地在今之壽光縣。因壽光本爲漢所置之縣，故城在今壽光的東北區。今縣城爲漢益縣地，其城南七里有益城，就是漢益縣的故城。益縣至魏改爲益都，晉、宋、元魏三朝因之。其時益都治所仍在舊城，後至高齊始移治於東陽，即今益都縣城所在之地。壽光自宋省入博昌，直至隋初始復其縣。又割益都置閭丘，復省閭丘入壽光，即爲今之壽光縣。因其經過移治省復，兩縣地區互有出入。所以今壽光兼有元魏益都中北部，而元魏益都縣城在今壽光城南了。依據以上考證來說，賈氏墓地在今壽光城外，也就是在元魏益都城外。從而推其族居的閭里，可能在當時的縣城內，因爲其時仕宦之家大都居在城內，思伯兄弟身爲高官是合乎條件的。

學業：《魏書・賈思伯傳》云：「初思伯與弟思同師事北海陰鳳，授業無資酬之，鳳遂質其衣物。」按陰鳳爲二賈受業師，而《魏書》、《北史》中無專傳，其名也不見《儒林傳・序》。唯據「北海陰鳳」之文，知爲青州北海郡人。按《魏書・地形誌》，北海郡領縣五：曰下密、曰劇縣、曰都昌、曰平壽、曰膠東。考其五縣之地，在今壽光、昌邑、濰縣、臨朐境內。距二賈里居，近者數十里，遠者百餘里。以二賈遠道從師受業推之，陰鳳當爲其時的青州大師。次據《傳》云，思伯「授肅宗杜氏春秋」（公元五二三年），思同「授靜帝杜氏春秋」（公元五二四年後）。兩人講授的《杜氏春秋》當爲從陰鳳所受之業。考其從鳳受業時期，上距杜驥傳其家業，不過四、五十年。而鳳爲青州人，又爲杜氏之學，可能爲驥之再傳弟子。又據《傳》云，思伯爲南青州刺史，「送縑百匹遺鳳，因其車馬迎之，鳳暫不往。」考思伯爲南青州，在永平延昌年間。上距受業時期已經二十多年，是時陰鳳年紀應在七十上下。這是鳳之事年可以推見的大略。至於二賈學業雖同爲《杜氏春秋》，又同爲講經的侍講。但思伯因「從官廢業」，不及思同治學之專。所以《傳》末附記杜服之辯云，「思同之侍講也，國子博士遼西衞冀隆爲服氏之學，上書難《杜氏春秋》六十三事，思同復駁冀隆乖錯者十一條，互相是非積成十卷。詔下國學集諸儒考之，事未竟而思同卒。卒後，魏郡姚文安、樂陵秦道靜，復述思同意。冀隆亦尋物故，浮陽劉休和又持冀隆說，至今未能裁正焉。「按賈衛駁難徑復的時期，當在元象興和的兩年中（公元五三八—五三九年），姚秦及劉復述賈衛之說，當在興和二年賈思同卒後，高齊天保五年（公元五五四年）《魏書》修成前。總計前後一共十五、六年，是一場很長期的大辯論。衛冀隆和姚、秦、劉等，《魏書》、《北史》中無專傳。按《北史・儒林傳序》敘述杜服之學云：「河北諸儒能通春秋者，并服子慎所注，亦出徐生（遵明之門）。張買奴、馬敬德、邢峙、張思伯、張奉禮、張凋、劉晝、鮑長宣、王元則、并得服氏之精微。又有衛覬、陳達、潘叔虔，雖不傳徐氏之門，亦爲通解。又有姚文安、秦道靜，初亦學服氏，後兼更講杜元凱所注。其河外儒生俱伏膺杜氏。」敘中所提到的衛覬，據《循吏蘇瓊傳》云，瓊爲南清河太守，「每年春總集大儒衛覬隆田元鳳等講於郡學，朝吏文案之暇悉令受書。」以覬爲覬隆單稱之名，和覬爲冀之同音字，及其通解服氏之學斷之，衛覬即《傳》云冀隆無疑。冀隆爲國子博士，既在元象、興和間，其講於郡學以及卒年，據蘇瓊去職在天保初，及《魏書》修成之日推之，當在武定和天保之間。思同、冀隆往復積成的十卷，隋、唐兩書《經籍誌》均未著錄。根據《左傳疏》所引衛難和秦道靜釋答之文看來，兩家往復同是本著經傳義例申證其注得失的。然《孔疏》僅引秦之釋答，不及思同駁正之說，疑其源出秦道靜書。按《北史・李業興傳》云：「姚文安難服虔《左傳》解七十七條，名曰駁妄（業興子），崇祖申明服氏名曰釋謬。」其時諸儒參加辯論者，當有其所撰著之書，秦釋既有遺文，便可證實其事，浮陽劉休和未詳。據浮陽郡屬滄州，及其持衛冀隆說，知爲河北通服氏之學者而已。《儒林傳・序》分河北、河外諸儒爲二，就是當時南北經學對立的兩派。以這次辯論參加者考之，主服難杜的三人，衛冀隆、劉休和李崇祖，同是河北通解服氏之儒。駁服申杜的三人，唯賈思同爲益都人，屬於河外，姚文安和秦道靜同是河北人。而河外伏膺杜氏者，獨未見有駁釋之說。推原其故，不外專守本業，未能博涉多門。而杜服異同之說，非深通南北義例，無從辯正其得失。專治一家之學者，當然不能參加的。以其參加辯論的六人來說，賈思同、衛冀隆同爲當時的大儒，又同爲這次杜服之辯的發動者。據冀隆難杜之文，每引傳例以立說。推諸思同駁正冀隆乖錯，也必申證杜服兩家義例。所以才能「互相是非積成十卷」，而兩人兼通杜服是無疑問的。姚文安、秦道靜初學服氏，後講《杜注》，其爲兼通之學，已明著之序中。劉休和在冀隆卒後，與姚、秦二人辯難，當與李崇祖同時。崇祖爲李業興子，業興師徐遵明，通南北之學，爲當時名儒，而「崇祖傳父業」，故能兼通杜服，以釋姚駁之謬。據此推諸劉休和，「持冀隆說」與姚、秦辯難，其兼涉《杜注》是肯定的。總合以上的考證，可以說這次辯論的人，同是兼通杜服之學者。所以從興和詔集諸儒考證，一直延續到高齊天保年間，經過兩朝十幾年，始終「未能裁正焉」。因此也就可以推定，思同是專精《杜氏春秋》，而又兼通服氏之學，爲當時南派經學的大師。

總合以上三類的考定，賈思同爲元魏時代的青州益都人，是一位專精《杜氏春秋》的經學大師。生年約在公元四七七年，卒年在公元五四〇年，年紀約在六十四歲上下。

四、賈思勰即賈思同的考定

考定賈思勰與賈思同爲一人，首先是根據以上兩個考證的總結，從彼此三類對照中，求其相應合的條件，作爲考定初步基礎。

年代：□□□□（注：以下殘缺）

孝昌元年（公元五二五年），兩人和元興交款，當在這六年之中，據此推至思伯、仁之應有的交誼，也就推到仁之、思同交接的可能。再從《要術》注文來說，仁之和作者的談話，最少應有平交的關係，才能夠談到區田的事，這是作者和思同對仁之關係的符合點，也就是用作考定其爲一人可據的憑證，次據《馮元興傳》，「義秉朝政，引元興爲尙書殿中郎，領中書舍人，仍御史……家數貧約，食客恒數十人，同其飢飽，曾無吝色，時人嘆尙之……太昌初卒於家。」以太昌元年（公元五三二年）至武定二年（公元五四四年），仁之卒爲十二年，傳稱仁之積年營視元興家即在此時期內，這是仁之不忘故舊和「營視其家」的美德，據《北齊書・北史・循吏孟業傳》，仁之在天平中爲定州長史，很敬重典籤孟業的爲人，當其被徵入爲中書令時，恐業在後不自保全，臨路乃啓刺史元韶，明業可信任，願韶專任之，及其出爲西兗州刺史，臨別又對吏部崔暹說：「貴州人士唯有孟業，銓舉之次不可忘也。」這是仁之重視人才和愛護好人的美德，從這兩件事來看注文，作者稱仁之「老成懿德」，完全是一個正確的品評，當然應有其相關的關係，這是作者和思同對仁之關係的符合點，也就是用著考定其爲一人可據的憑證，以上爲從兩者年代的應合，進而追求其爲一人的證佐，作爲考定本問題的一個主要依據。

籍貫：據《要術》卷三《種胡荽篇》，「六月連雨時，稆生者亦尋滿地，」稆字下「音呂」的李注，考論其音讀的關係，按「稆生」兩字原是一個通俗的詞，詞意是指種子飄落土中的自然生長，也就是說未經過人工播種而生出的，稆生的「稆」字本作「旅」，如《東觀漢記》「天下野穀旅生穀子」，即言野地裡穀子普遍地自然產生著，這是其語見於史書最早的記錄，然考「旅」字古有二音，一讀與「魯」同；一讀與「呂」同，以其兩讀同出先秦，當爲古代的地方音。《漢記》的「旅生」雖然沒有音注，但據今山東省通俗語考之，「旅生」的「旅」是有這兩個音的。按照山東音系的大部區域來說，東部地區通呼著「魯」，西部地區通言如「呂」。論其語音不同的原因，是由語聲撮合的異呼，分成魚模韻部的兩音，從而考定先後的字體，自其依聲的借字，轉爲異體的形聲，或依呼旅作魯的音，造從禾魯聲的稆字，或依呼旅如呂的音，造從禾呂聲的稆字，必定是當時有此兩種不同的音，才造出這兩個「同形不同聲」的字，因此據以考定古代方言，漢語旅生是應有兩音的，次按稆字見魏張揖《埤蒼》，和稆字見晉袁宏《後漢紀》，應當爲漢末的通俗文字，兩書是各隨其俗採用的，按照文字條例的規定來說，這兩個字屬於同義異音字類，只可以同用而不可同讀一音，從而論其各字的音讀，依聲的旅字可讀兩音，而稆字音魯，和稆字音呂，是各讀一音的，以魏晉去漢未遠，三字尚并行不廢，而呼作稆，稆兩字的音應當從其本音讀之，但自稆字收入埤蒼□□□□正體，旅、稆兩字因之漸廢不用，而其方音仍舊是并行的，因此，《要術》本文用當時通行的正體「稆」字，因爲字的魯聲與作者地方音不同，恐一般識字不多的農民容易讀錯，所以才有本字附出「音呂」的注文，以上爲說明注文「音呂」是作者本籍的地方音，在討論今時方音時，除所分東西兩部外，壽光趙東甫先生說，壽光語旅生作呂音，桓台一帶便呼作魯，在得到這個音證後，不但決定了《要術》音注爲地方音，而以作者與壽光語同一音系，也和賈思同的益都籍相應合，自其音系的同一來說，雖然不能決定本問題，但以其不抵觸爲一人的考定，是可與各證配合作爲依據的。

附記《要術》卷四《種棗篇》本注云，「案青州有樂氏棗，豐肌細核，多膏肥美，爲天下第一，……齊郡西安、廣饒二縣所有名棗即是也，今世有陵棗蒙弄棗也。」按齊郡二縣，西安在今臨淄縣境內，廣饒在今廣饒縣境內，據清康熙本《臨淄縣誌．物產門》，棗類中有鈴棗、儻棗、小棗三種，以現在鈴棗的肌核膏味，很合於豐細多美的條件，當即本注所說的陵棗，爲西安所有名棗之一，又嘉慶本《壽光縣誌．物產門》云，在昔北海之棗與仙紋綾絲同貢，而壽光所產最饒，故果之品必首曰棗也。《誌》以壽光產棗最饒，證漢北海郡的貢物，其說或有所本，惜未言及種類，不能據以考證，但以其事與思同益都籍有關，所以附記在本條後以備考案。

學業：《要術》卷十《菖蒲》條，「春秋傳曰，僖公三十年使周閱來聘，饗有昌蒲，杜預曰菖蒲也。」按作者引《杜注》與今《集解》本同，據《周禮．天官籩人疏引》，《服注》云，「昌蒲昌本之菹」，《杜注》即取服說爲之，服云，「昌本之菹」者，據《儀禮．公食大夫禮注》云，「昌本昌蒲本菹也」，及天官醢人注云，「昌本昌蒲根切之四守爲菹」，《服注》當本鄭說爲之，其釋歜爲菹者，是因歜本音讀觸（杵平聲），和菹字音相近，依聲爲之訓的，昌與菖蒲二名，據昌見《周禮》、《儀禮》、《呂氏春秋》，及菖蒲見《韓非子》，當爲古命物的異名，依此說來，服云「昌本之菹」，即

《鄭注》「莒蒲本菹」，一依古名言之，一以今名釋之，兩者之言不同，其實是一樣的，杜以傳文無「本」字，所以改云「莒蒲菹」，也是因其同讀「昌歜」爲昌菹，所以才如是改定服氏注文，因此，據杜預取用服氏舊義，可以決定作者引《杜注》是屬於當時南派的經學系統，這一說明以其不抵觸思同爲杜學的大師，是可以和各證配合而爲考定一人的依據。

以上是從作者和思同應合的條件說明其爲一人的主要和次要依據，至于思勰、思同二名致異的原因，當分作兩事來說，一爲《要術》的題名，二爲史傳的異名，依次爲之考證如下：

㈠《要術》題名的考證：按《要術》全書各卷的題款，「後魏高陽太守賈思勰撰」，所謂「後魏」是指元魏一朝說的，但據元魏碑誌錄文考之，或自稱曰魏，或自稱曰代，或兩名兼用曰魏代，或加字曰大代皇魏，雖有此多種不同的稱號，卻沒有見到自稱後魏者，依此說來，後魏之稱當在其後是無疑的。根據現在的考查：其見之石刻者，當以周曹紋樂碑爲最早，按碑云，「後魏太和三年」，以全碑文字推求其說，當因上文「魏武皇帝」和「□爲魏祖」兩魏字同是指的曹氏之魏，而「太和六年」的年號又與元魏太和相同，爲避免兩魏及其年號的淆混，乃依元魏在曹氏後而加「後」字。按其以年代先後區分兩朝雖合於史家分稱後漢之例，但只是取其差別作用，並非認爲一代的稱號，這是應該爲之分清的，其見之古籍者，當以《隋書·經籍誌》爲最早，例如《經部·周易》十卷《注》云，「後魏司徒崔浩注」，《史部·魏》收的《魏書》改曰《後魏書》，正始詔刊的律令改曰「後魏律」，其爲避免兩魏的淆混，是和曹碑用意一樣的，但查誌中著錄的書，如溫子升《魏永安記》三卷、元暐（暉）業《後魏辯宗錄》

二卷，以及《大魏諸州記》二十一卷，其使用的名稱也并不一律，據《隋書·經籍誌》的修撰，是依《隋朝藏書目錄》記其四部現存的書，和因《隋目》「時有殘缺」附入其所遺者來說，誌中名稱的雜用并出，當爲舊錄新附的關係，次據唐初碑誌文字，貞觀永徽之世通稱曰魏（公元六三七—六五二年），顯慶年中始見後魏之號（公元六五八年），及唐初修成《五代史誌》在顯慶元年（公元六五六年），和《經籍誌》舊題「侍中鄭國公魏徵撰」，可以推定大魏等稱出自新附，後魏之號爲誌錄《隋目》的舊文，因爲詔修《五代史誌》在貞觀十五年，魏徵監修《經籍誌》而徵卒於十七年（公元六四一—六四三年），其時碑誌既無後魏之稱，誌中附遺當然不會有的，至於唐人用作元魏的國號，乃因誤據《五代史誌》而起，并不是原來差別的意義，總結以上的考證，後魏之稱源起於周，行用於隋，初爲區分兩魏的差別，唐始用作元魏的國號，因此，可以確定《要術》題款是經過後人的改訂，已不完全是本書的舊題了。

從題款經過後人改訂來說，《隋誌·要術》十卷《注》云「賈思勰撰」，其有撰人姓名而無朝代官位，雖和今本題款詳略有異，但其姓氏名字是相同的，此據《誌》中《洛陽伽藍記》五卷《注》「後魏楊玄之撰」，和今傳本的題款「後魏撫軍府司馬楊玄之撰」，以及《誌》中注文本有詳注略出的種種差異，可以推定其時著錄本的題記已經過改訂，而兩書今本題款都是依錄其改訂的原款，次從本書考證來說，今本《要術》雖出宋刊，推究其源是出自唐人傳錄的本子，除因避諱改字和附入《漢書》注文外，對於原書的篇章并沒有更動竄改，是可以認作賈氏當日撰集的原本，從作者《自序》說，「鄙意曉示家童，未敢聞之有識，故丁寧周至言提其耳，每事指斥不尚浮辭，覽者無或嗤焉，」可以看到賈氏本意是爲其家人從事生產而作的，從各篇首列所引爲考證各個物名和其種類，以及篇後集錄前人有關農事的記載和附注，也可以看出其書不是完全經過最後修整的定本，從《要術》的內容來說，這是一部專門的書，作者又是「採捃經傳，爰及歌謠，詢之老成，驗之行事」撰集而成的，從其所謂採之、捃之、詢之、驗之的條件來說，當然他是隨時根據聞見所及爲之增訂的，所以全書篇卷分合具有條理，而其集錄附注各條不免雜亂，因此，推定《要術》原書，在作者生前是一個未定稿本，到作者卒後才逐漸傳行於世，旁證之以《隋書·經籍誌》的著錄，和唐初李淳風的演齊人《要術》（見舊唐書本傳），是可以確定其然的，因此，考證今本《要術》題款中的作者「賈思勰」，也就確定是出自賈氏家本的舊題了。

㈡史傳異名的考證：古代一人只有一個名，是終身用之而弗改的，但在史書舊籍中，一人而有兩個名，卻是很常見的事。關於元魏一代的記載，就有著不很少的異名，其所以致異的原因，也有著種種不同，大別言之，可分兩類：一爲原記傳錄引起的異者；二爲本人改名引起的異名。第一類中，有因傳寫致譌的異名，如元頊《魏書》誤作元琪；有因避諱改字的異名，如元淵《北史》改作元深，而侯淵《北史》改作侯深，又誤作侯梁，就是因其諱改傳譌爲三個名的；有因字取通用而成異名的，如衛冀隆《北齊書》作衛覬隆；有因字從俗讀而成異名的，如衛可環《北齊書》作衛可肱。以上都是因其原記傳錄所致，并不是本人生前原有的異名。第二類中，或因字義惡劣而改，如高閭本名曰驢，崔浩以同音字改之；或因「脫身去仇」而改，如梁蕭綜投奔元魏後，蕭寶寅爲之改名曰贊（《梁書》作纘）；或因及年就封而改，如「汝陰王天賜之第二子永全」，在襲封樂陵王後改名曰思譽；或因魏帝賜名而改，如張烈本名徽仙，太和中賜名曰烈；或因一再賜名而改，如于忠本名千年，太和中賜名曰登，景名中又賜名忠；或因賜號加字而改，如孫惠蔚本名蔚，「正始中侍講禁內」，「論佛經有愜帝旨」，「加惠號惠蔚法師」，因是改名爲惠蔚；或因與王同名而改，如《高佑傳》云：「本名禧，以與咸陽王同名，高祖賜名佑。」或因避人家諱而改，如《元彧傳》云：「本名亮，字仕明，時仕中穆紹與彧同署，避紹父諱啓求改名。以上列舉的八個事例，都是本人生前的異名。總合兩類異名來說，雖各具有不同原因，推求其改易的規律，不外改名、易字兩項，據此兩項分析本問題，勰、同是兩個同訓不同音的字，又是兩個字形完全不同的字，當然沒有易字混誤的可能。次據思同「釋褐彭城王國侍郎」，及思勰的勰和彭城王勰同字，援證第二類高佑賜名的事例，其爲避彭城王名而改作思同，是可以推定其然的。論其一代改名的風氣，當以太和之世爲最盛，其改名也，或出本人自改，或由賜名而改，其賜名也除因魏帝器重其人賜之嘉名而外，爲避王公重臣之名也是主要因素，因爲其時還循用舊制，當君臣論議以及奏事，雖「王公重臣皆呼其名」。按照這個制度來說，在其指斥呼應間，遇到同名的兩個人，是容易引起混淆的，爲避免混誤的發生，所以有了改名的事，從其避皇帝名諱來說，當以品階高下爲應改的比重，所以高佑「學業優通知名前世」，不得不避咸陽王禧而改名；元彧以其官給事黃門侍郎，不得不避侍中穆紹的家諱。又其時魏帝尊重寵臣，多有尊之而不呼名的，如「常謂

（李）沖爲中書」，「常呼（李）彪爲李生」，甚至欽重南平王霄爲之下詔曰，「自今奏事，諸臣相稱，可云姓名，唯南平王一人可直言其封。」雖然這只是太和中魏帝的一種偶然行動，但不久便成爲趨避王公重臣名諱的風氣，有如崔光本名考伯和楊津本名延祚，應當爲避其先和同朝的李孝伯、郭祚，才廢棄本名啓求賜名而改爲光、爲津的，又如《游肇傳》云，「尙書令高肇，世宗之舅，爲百寮懾憚，以肇名與己同，欲令改易，肇以高祖所賜，秉志不許，高肇甚御之，世宗喜其剛梗。」也可以看出是一種趨勢行爲，并不是具有甚麼法定的條文，所以像高肇那樣擅權專橫，雖然把下級避同改名看作是「理所必然」的事，也不能強人就自己的心願，因此，可推知爲避同而改的，必定是出其本人的自願，至於爲避上官同名必侍啓求賜名而改，因爲其時遵守「君子已孤不更名」的古禮，高、崔、楊、元四人都受著「已孤」的限制，借著賜名而改就可以「無違於禮」了，這是在禮教下不得不然的行動，高閭蕭綜改字改名也是如此的。賈思勰的改名，雖和高佑相同，但賈思同爲彭城王國侍郎，據三章考證在太和二十年，這時思同的父母還都存在（見《賈思伯傳》），當然不需要他人爲之改名了，至其改本名思勰爲思同，據《李靈傳》云：「父勰字小同」，雖然立字和改名是兩件事，但據勰「傍名立字」的例子，已足夠說明他是取本名勰的同義字來改名的。總合以上考證的結語是：思勰爲本書作者的本名，思同是他入仕後的改名，也就是他入仕前後所有的兩個異名。

附記《新唐書・宰相世系表・序》賈氏云：「詡，魏太尉，肅侯，生璣，駙馬都尉，關內侯，又徙長樂，二子，通、延，通，侍中，車騎大將軍。三子，仲安、仲謀、仲達，仲達，穎川太守，生疋，字延度，輕車將軍，雍州刺史，酒泉郡公，二子，義、康，康，秘書監，二子，鍇、鈞，鈞生弼，散騎侍郎，二子，躬之，匪之，躬之，宋太宰參軍，四子，希鏡、希遠、希逸、希叟，希鏡，南齊外兵郎，生拙，義興郡太守，生執，梁太府卿，二子，暹、肇，肇二子，寰、宏，宏，後梁中軍長史，生勰，北齊青、兗等州刺史，河東公，二子，嵲、巘，巘殿中監，三子，懿、嶅、憲，憲避葛榮之難，避地浮陽。」以上擇錄表序賈氏世系，自詡以下至憲共十七代，唯詡、疋、弼、匪之、希鏡五人有史可以考按，其餘十四代中二十六人都不見於列傳。今按賈使群碑云，「高祖騰，燕冀州別駕，宜都王司馬，曾祖宏，少有令譽，未宦早喪，祖□□□□□□□□遂□青州□□錄本州□中正，州主薄，齊郡太守。」這段文字中因原石字有泐損，僅僅思伯曾祖名字完而未缺，據其名宏與世系序肇子宏同名言之，序文「生勰」之勰可能是思勰單稱的名，雖然世次還有差錯，但從資料來說是可以解釋的，因爲賈使君碑立於思伯生前，《世系表》爲宋人根據譜書所修，論其資料價値，本有等級可分，因此，討論兩者異同關係，當不外於兩種情況，一爲兩人名字的偶同，一爲譜書記錄的闕誤，而以後者可能性較大，例如《世系表》的序文中，其謂宏仕於後梁，宏子勰仕於北齊，勰孫憲避葛榮之難徙居浮陽，考按時代先後都不適合事實，因爲後梁立國在北齊後五年（公元五五五年），而北齊之亡在後梁廢前十年（公元五七七年），謂宏勰父子分仕南北兩朝，同在這二十幾年的時期內，已經是一件不尋常的事情，何況葛榮起事及滅在北齊以前二十多年，浮陽爲滄州屬郡，又是葛榮所據五州之地，而謂憲因避難徙居浮陽，遠在其祖仕於北齊以前，尤其爲不可能的事呢，這都是序文中明顯的罅漏，足夠說明譜書記錄之誤的，從而追求其致誤的原因，當出自譜中郡望的混誤，因爲據《三國誌》賈氏兩傳考之，賈詡和賈逵兩人同仕於魏朝，詡居武威郡姑臧，逵家河東郡襄陵，以兩縣之地相距較遠，應該是同姓而非同族，按照譜書分別郡姓的成例，應當有武威、河東兩個郡望，但查《世系表·序》，只有武威一族，自詡子璣徙長樂，三傳至疋字彥度，始見於《晉書》列傳，按《疋傳》云，「字彥度，武威人，魏太尉詡之曾孫也。」《序》與本《傳》世次雖差一代，其爲武威一族是不錯的。河東賈氏，據《逵傳》及《晉書·充傳》考之，逵子充，充無後，有弟混，從子彝、遵、模三人，從孫衆及曾孫禿、湛二人，自逵至湛五世九人，均弗見於《世系表·序》，唯《序》文記疋後四世曰弼者，與其子匪之及孫希鏡三人，同見《南齊書·賈淵傳》中，按《淵傳》，「淵字希鏡，平陽襄陵人也，祖弼之晉員外郎，父匪之驃騎參軍。」及《南史·王僧孺傳》云，「平陽賈弼篤好簿狀」，弼即弼之，爲其單稱之名。平陽爲魏分河東郡所立，襄陵是其同時隨屬的縣，所以自晉以來改稱作平陽，而弼屬河東一族明白無疑，又《序》文云希鏡子拙及拙子執雖不見史傳，但據《隋書·經籍誌·史部譜系篇》所著錄的書，有賈執《百家譜》二十卷和《姓氏英賢譜》一百卷，其人姓名與拙子相同，考證史傳應當爲一人，因爲六朝譜學，開始於賈弼之，自弼之廣集譜記，撰《十八州士族譜》，「淵父及淵三世傳學」，而淵又撰《氏族要狀》，（《唐書·經籍誌》云「賈希景撰」即希鏡之誤），謂執承其高曾祖考四代之業，撰集百家英賢兩譜是可能的。又按《隋誌》著錄賈執的《百家譜》，列在王僧儒和傅昭兩譜之間，據僧孺卒於普通二年（公元五二一年），傅昭卒於大通二年（公元五二八年），執爲蕭梁時人是可以肯定的，而以其時代與《序》云執爲梁太府卿相應，是可用作考證其爲一人的根據，因此《考辯序》中的世系，最小限度可以說，弼與其子三人，希鏡兄弟四人，拙及子執二人，他們五世九人是屬於河東一族的，因此，也就窺測到序文所根據的賈氏譜書，是一個混合武威、河東兩譜的集成本。雖說兩個君姓，因其同出一源，不妨集成一譜，但其本支流派的世系是應爲之分別清楚的，如《序》云河東賈弼爲武威賈疋的曾孫，那就不能不認爲是一個巨大的錯誤，因此之故：序文的罅漏譌誤，當然是勢所難免，關於其所記錄的世系，當然需要爲之考訂的。依照以上的說明，再考證賈使君碑，據碑云思伯爲武威臧人，其屬武威一族已明白無疑，而碑述其祖先云：「九世祖□魏青龍中爲幽州刺史」，祖下一字爲其九世祖名，雖因原石字泐已不可識，但以賈詡卒於黃初四年（公元二二三年），且終其身未嘗一爲刺史，其不爲詡是可以決定的，次據《魏書・賈彝傳》云：「大世祖敷，魏幽州刺史。」以其兩者同爲魏幽州刺史，推校原石泐文應當爲「敷」字，因爲彝本仕於燕慕容垂，其入仕元魏在登國十年（公元三九五年），上至魏青龍中一百六十年（公元二三四—二三五年），下至思伯生時約略八十年，按其年世來推校，敷爲彝的六世祖，爲思伯的九世祖是較合於事實的，次以賈詡卒年七十七，下至青龍中十二、三年，推校賈敷和詡的關係，可能是其子侄或孫行，但考《詡傳》及《裴注》所記：只詡二子，長子曰穆，小子曰訪，及穆子模，模二子胤龕和模從子疋，並沒有所謂敷者其人，也沒有爲幽州刺史，今按賈使郡碑刺史以下文，合其泐字分爲三句讀作：「行達冀州，□州□，因□喪亡，」窺其大意是說：「往赴州任，行到□州，逢到州□，因□而亡，雖行達的州名和遭遇的事故無法爲之考證，但在中途喪亡，未至幽州治所是可以肯定的，次按《三國誌．毌丘儉傳》考之：《傳》云，「青龍中，帝圖討遼東，以儉有干策，徙幽州刺史。」以敷爲幽州和儉徙幽州，同在青龍中，及正始七年（公元二四六年），儉尚在幽州，謂敷爲幽州在儉之前，也是可以肯定其然的，又按其時魏與蜀、吳連年作戰，其遼東太守公孫淵南通於吳，至青龍二年（公元二三四年）秋諸葛亮卒，吳、蜀兩國之軍先後退還，魏帝因其兩方軍事暫停，所以才有「圖過遼東」之舉，因遼東爲幽州的屬郡，所以有精簡刺史的事，依此說來，賈敷生平雖無可考，論其選任幽州刺史，正在此一時期之內，是應有相當才能的，但因中途喪亡，沒能成其功業，所以史書無可考見了。次按《賈彝傳》，刺史句下云「廣川都亭侯，子孫因家焉。」是說魏封賈敷都亭侯，廣川爲其所食戶的縣，所以在敷卒後，嗣子食於其地，子孫因以爲家，遂爲廣川人了，據廣川縣在魏晉屬冀州渤海郡，至燕慕容垂隸於分置的廣川郡，和刺史屬官選用本州人士來說，碑云思伯高祖爲「燕冀州別駕」，可能是和賈彝同爲廣川縣人，據賈敷爲賈彝六世祖，思伯高祖爲敷五世孫，世次僅差一代，而又同仕於燕，當爲同時的人，按《晉書》載記和《魏書．帝紀》考之：冀州復歸於燕在慕容垂元年（公元三八六年），至垂子寶二年（公元三九七年）元魏圍攻信都（冀州治），「冀州刺史宜都王慕容鳳竄城奔走」，守軍張驤、徐超率將吏舉城降元魏，總計燕據有冀州之地共爲十二年，據賈使君碑云，思伯高祖爲「宜都王司馬」，并可以確定是在燕慕容鳳爲冀州時的，據信都陷沒在賈彝入仕元魏後二年，也就可以明確地斷定其爲同時的人，因此，據思伯高祖爲賈彝父行，又同時同仕於燕慕容垂，謂其同爲廣川人是合理的，至於思伯高祖當信都被圍時，是先期已卒，是與城俱亡，是隨鳳出奔，是同降元魏，是南投鄴城，卻很難說了，因爲以上五個說法，除了先卒俱亡兩說史無明文可考而外，根據當時戰事情況來說，魏軍出井陘進攻慕容寶，首先是攻取冀州眞定城（常山郡治），時慕容寶在中山（今河北省定縣），慕容鳳守信都（今河北省冀縣），慕容德鎭鄴城（今河南省臨漳縣），三城南北錯列，信都適居其中，當元魏攻下眞定後，常山以東奔降相繼，所以魏軍東圍信都，在慕容鳳出奔以後，守軍便舉城投降了，在這個情況下，論其出奔投降，都是有可能的，又信都降後的明年，元魏廣川太守賀盧，殺其冀州刺史王輔，「驅勒守兵」南奔渡河，遂至滑台（今河南滑縣）投慕容德（時德已棄鄴徙滑台），在這個情況下，思伯高祖隨同守軍降魏，又隨著賀盧南投慕容德，又隨從慕容德轉入青齊，三傳至思伯兄弟，遂爲青州益都人，也是很可能的事，旁證以賈彝和其從兄潤同仕元魏，當孝昌年中兩人子孫還住在廣川，和碑記思伯高祖仕歷，沒有提到元魏官階，在其五說之中是比較合理的，惜碑云思伯祖考兩代，原石祖下泐損十數字，不能用作考實的證佐，但據以上的推考，思伯爲武威一族，其自廣川徙居益都是可以完全肯定的，因此之故，根據《世系表》本於賈氏的譜書，和武威河東兩族世系的淆混，所以說《序》文中宏和子勰兩人可能爲思伯曾祖宏和賈思勰。又據《序》文中所記勰的仕歷，「北齊、青、兗等州刺史河東公」，和《壽光縣誌》載賈思同碑云，「青、徐、兗三州軍事開府」相應，假如《縣誌》是依據前人的記錄，這是可以用作本問題的佐證，不過在未經考實以前，只能認爲是一種推測，所以附記在這裡，作爲將來的考案。

五、關於考定中的幾個問題

在考定賈思勰和賈思同爲一人，只是據《要術》和史傳應合的條件，作爲進行考論的初步基礎，從其應合的一面來說，固然有其相當的理由，但從另一面來看，不是沒有問題的，例如說思同爲思勰的改名，何以《要術》題款仍用其本名，何以史傳沒有說改名的事，據《傳》思同已官至侍中，何以題款云「高陽太守」，既爲高陽太守，何以不見《傳》中，又《要術》本《注》云，「井州豌豆度井陘已（以）東」，和「山東穀子入壺關上黨（皆）苗而無實」，并且自稱曰「皆余目所親見非信傳疑」，據史傳的記載，思同仕歷所至僅在鄴都河南，并未到過并州和井陘以東各地，何以有目驗之說，這都是處在相反的論據，也都是應該加以注意的，所以爲之分別討論於下：

關於《要術》題款賈思勰的問題。按著改名原則來說，其人一經改名之後，便應廢止本名不用。《魏書》各傳用後改的名就是本著這一原則的，但按各史傳文考之，如西漢劉向本名更生，和劉宋袁粲本名愍孫，在其本傳的記事中，都是依著改名前後，分別先後兩名用的。《魏書》各傳的記事雖通用後改的名，但在記言文中仍有用兩名的，例如《崔光傳》云，光爲魏帝所知，常曰：「孝伯之才，浩浩如黃河東注，固今日之文宗也。」又每對群臣曰，「以崔光之高才大量，若無意外咎譴，二十年後當作司空。」這兩叚文字中，先後兩名互見，據其記「孝伯」之言在「參贊遷都」以前，和敘「崔光」之稱在遷都之後，應該是魏帝在其賜名前後的兩次談話，所以本傳的記言前呼本名後稱改名了。

若綜合以上所引證的各個事例來說，原因是史官本著「言動之實錄」的原則，務求不失其言動的時間性，才有這種嚴別先後的寫法，因此，也就更加證實了改名後廢止本名的例子，不過改名是多種多樣的，不能用一個例子來裁量，即以元魏一朝而論，古弼依著賜名而改，高閭依著本名而改，因其賜名曰筆，是尖頭的象徵。本名曰驢，是笨劣的牲畜，命名的意義原本不夠莊重，所以才有依聲易字的改名，按照這個情況來說，當然在其改名之後是不會再用本名的。李彪以修史賜名而改，于忠以「行忠」賜名而改，都是受著魏帝知遇，認作一生榮幸的事，當然在其改名之後也不會再用本名的。這兩種改名的情況雖然不一樣，其在改名後廢止本名是一致的，是可同用以上例子來裁定的。但據《魏書》各傳考之，也有不廢本名者，其最明顯的，如《張烈傳》云：「烈字徽仙……高祖賜名曰烈，仍以本名為字焉。」便可據知徽仙的字就是賜名前的本名。下文云烈在入仕前同崔徽伯和戶徽叔并有令譽號曰「三徽」，就是因本名為號的，據是推考諸傳所記：楊津兄「播字延慶本字元休」，及播弟「椿字延壽本字仲考」，而以「津字羅漢本名延祚」證之，播、椿兩人都應以其本名為字，所謂本字就是他們本名的字，于忠兄「祚字萬年」及忠弟「景字百年」，而以「忠字思賢本字千年」證之，祚、景兩人也都應以本名為字，所謂于忠本字卻是他的本名，因此之故：元魏人所謂字者，應當分之為三種，于忠字思賢是「傍名而立」的字，楊津字羅漢是以小名為字的，張烈字徽仙是以本名為字的，按此三種字：前者即禮家所謂「冠而字」的字，也就是當時成年人正常的字，後二種原是本人的名和小名，因著改名的關係才以為字的，論其在改名之後，字用本名和小名，不再依改名立字，是因其在改名以前，本名、小名行用已久，而且爲群衆所周知，是不能廢止不用的，但因受著一名的限制，所以才避而改稱爲字，《顏氏家訓．風藻篇》云北朝士人「名亦呼爲字」，就是指這種字而言的，可以作爲本說的證明。至於廢止本字不用，和不再依改名立字，以及小名改稱小字，也都可依此來解釋，不過本名和小名的改稱爲字，自其在改名前原本是名來說，雖然同改名配成一名一字，其實是和兩名并行一樣的。又如《孫惠蔚傳》云：「先單名蔚，正始中侍講禁內，夜論佛經有愜帝旨，詔使加惠號惠蔚法師焉。」這是因詔賜法師之號而改名的。但據《金石錄．孫公墓誌跋尾》說，「末載贈官制書云，故安將軍，銀青光祿大夫，棗強縣開國男孫蔚。」是在賜號改名之後，仍與所謂單名同用，比起不廢本名而改稱爲字，其爲兩名并行是很明顯的，又如《北史．崔宏傳》云：「浩弟簡字仲亮，一名覽。」按一名覽當爲本名，而簡是後來的改名。據下文記浩同族崔寬事云：「以一子繼浩，與浩弟覽妻封氏相奉如親。」是在改名曰簡之後，本名仍行於同族中，以其本名改名同爲單名，比起孫蔚尙有單稱之嫌，更可確定是兩名并行的。按照這三種改名的情形來說，當然不能用以上例子裁定的，這是說明改名有多種多樣，不能用同一個例子來裁量，從而考論《要術》題款的賈思勰，據崔簡本名行於同族的事例，可以說它是行於鄉里的名字，所以《要術》家本的題款用本名了。至於《思同傳》中沒有改名本名的記錄，根據《魏書》各傳所記改名的事例來說，主要是因其人在改名前已久著聲名，有如張烈的「三徽」之號盛稱於時人，崔光的「孝伯」之名遠聞於南朝，都是不能不爲之記載的。論其改名的年歲，張烈將近四十，崔光已逾五十，同是仕宦二十多年的人，本名的行用不盡可追改，也是其必要的一個原因，思同改名在「釋褐」之始，又是在其「弱冠」的年齡，其在入仕以後，除鄉里人士外，已不行本名，加以改名仍用排行的字，也沒有記其本名的必要，所以《魏書》傳中無記錄了。

關於《要術》題款高陽太守的問題，按《魏書．地形誌》考之，元魏時高陽郡有二：一屬瀛州，爲晉初所置的郡，治所在今河北省高陽縣境內；一屬青州，爲劉宋所置的郡，治所在今山東省臨淄縣境內，前者爲本郡，後者爲僑郡，兩郡先後歸入元魏，仍其郡名之舊弗改，故各傳中時見高陽，每致淆混不可析別，若據其時郡守之選不避本州，和本書作者賈思勰爲青州人，題款的高陽應該是青州屬郡，不過《思同傳》所載的史歷沒有提到高陽，這是在考定中成爲問題的要點，也是應當詳加討論以求解決的。今就傳本考之：其言思同「釋褐彭城王國侍郎」，據三章的考證在太和二十年（公元四九六年），其言「五遷尙書考功郎青州別駕」，據《禮誌》熙平元年（公元五一六年），思同爲庫部郎中（《誌》第十二），及爲庫部應在遷轉考功郎中之前，總計五遷的時間應在二十年以上，其爲青州別駕之年，疑在崔休爲青州時。按《休傳》云：肅宗初（公元五一六—五一七年），除幽州刺史，繼而轉爲青州刺史，又云「休在幽青州五、六年」，推其爲青州刺史當在神龜元、二年間（公元五一八—五一九年），上距賈思同爲庫部郎中不過二、三年，謂青州別駕之年在此時是比較合於事實的，其言「久之，遷鎭遠將軍，中散大夫，試守滎陽太守，尋即眞。」試守即眞之年，《傳》雖略而不言，但據下文云，「後除平南將軍，襄州刺史，雖無明察之譽，百姓安之，及元顥之亂也，思同與廣州刺史鄭光（先）護并不降。」及《鄭羲傳》云：「莊帝之居藩也，先護深自結托，及爾朱榮稱兵向洛，靈太后今先護與鄭季明等固守河梁，先護聞莊帝即位於河北遂開門納榮，尋除前將軍廣州刺史假平南將軍。」按先護爲廣州在建義元年（公元五二八年），以思同和彭城王家的關係，推其爲襄州也應該在是年。據建義元年距爲青州別駕將近十年，推其試守滎陽應該在正光四、五年間（公元五二三—五二四年），因爲此時賈思伯與馮元興交好，憑著馮元興爲元叉腹心的力量，使思同進階守郡是不難辦別的，又是年上距爲青州別駕五、六年之久，也是和《傳》文中所謂「久之」的話相應的。次據鄭羲、鄭儼兩傳考之，鄭儼在孝昌中權傾一時，從兄仲明爲儼所昵，「儼慮世難，欲以東道托之。」除爲滎陽太守，「及武泰元年（公元五二八年）春二月肅宗崩」，爾朱榮舉兵南向聲討其罪，儼走歸滎陽，「與仲明欲據郡起衆，尋爲其部下所殺。」按仲明除郡之年，本《傳》中略而未言，據《儼傳》云：「孝昌初，太后反政，儼請使還朝復見寵。」以「反政」在孝昌元年四月（公元五二五年），鄭儼「還朝」應該在是年內，而是年八月杜洛周反，次年葛榮自稱天子，其即其所慮的「世難」，以推仲明除郡之日，至遲應在孝昌三年，依此而言，鄭仲明除滎陽太守，當在思同即眞之後，而《要術》題款的高陽太守，應該是避仲明而改授的。綜合以上的考證可以說，賈思同試守滎陽即眞後，還曾在孝昌中轉爲高陽太守，直到建義元年才除襄州刺史，這是根據《魏書》各傳考證的結果。若據中州《金石記》集錄在滎陽縣的元寧造象記，孝昌二年正月四日熒（滎）陽太守元寧造象的記文，鄭仲明的除授滎陽太守就應該在元寧之後了，而以元寧造象在孝昌二年正月初，推其蒞任之日是不能遲於元年的，惜《魏書》無元寧傳，不能考訂其事實，若近年所出正光五年的元寧墓誌，和造象的元寧同姓名而年月在前，雖然元魏一朝宗室同名者數見，但流傳的石刻也有不少的僞造，因爲沒有見到拓本錄文，所以并存兩說以待考定，但據考證的兩說和史傳記錄官階每多省略來說，關於《要術》題款中高陽太守的問題是可以解決的。至於題款中不用其最後的官階，據《顏氏家訓》題稱：「北齊黃門侍郎」，應該是出於成書時的舊題，因爲兩書同是在作者身傳行於世，除了朝代經過隋、唐人增加「後北」字外，其餘同是依照原本舊題傳錄下來的。

關於《要術》注中并州井陘的問題。《種蒜第十九》種蒜下注云：「今并州無大蒜，朝歌取種，一歲之後，還成百子蒜矣。其瓣粗細正與條中子同，蕪菁根其大如碗口，雖種他州子，一年亦變，大蒜瓣變小，蕪菁根變大，二事相反，其理難推。又八月中方得熟，九月中始刈得花子，至於五穀蔬果，與余州早晚不殊，亦一異也。并州豌豆度井陘已東，山東穀子入壺關上黨，苗而無實，皆余目所親見，非信傳疑，蓋土地之異者也。」按本注文字可以分作兩段來看：自「亦一異也」以上論并州田地大蒜瓣蕪菁根生長的異常形態，自「并州豌豆」以下論豌豆穀子移州種植不能成實的特殊情況，前者是根據他聽到當時一般傳說的記述，後者是記錄他身到各地親見生長的目驗，可能是隨其聞見先後記錄下來的，因此，按照最小的限度來說，作者是到過井陘以東，和并州領屬的壺關縣。按現在地圖考之，并州所領的五郡，在今山西省東南部，壺關是并州上黨郡屬縣，同時也是上黨郡的治所，就是今山西省壺關縣，爲并州最南的一個郡，井陘是定州常山郡屬縣，在今河北省井陘縣境，朝歌是司州汲郡屬縣，在今河南省淇縣境內。總合以上三縣和其所謂「山東」，以及「井陘以東」，同是屬於當時的河北區，按照現在省份說，這兩段文字的記述，就是指著山西省的東南部和其鄰接的河北、河南兩省，有這些種植生長的不同情況，按照二章所考證的年代，作者已到了元魏靜帝之世，按靜帝即位後遷都於鄴，鄴本爲相州魏郡的屬縣，在今河南省臨漳縣境內，壺關在其西偏南，井陘居其北偏西，以其距壺關和井陘以東地方，近者二、三百里，遠者三、四百里，住在鄴縣的人，往來這兩個地方，并不是甚麼難事，《賈思同傳》中所記錄的仕歷，雖然大部份是在黃河以南，但據《傳》云「遷鄴後」到「興和二年卒」，前後七年中除一度慰勞河南外，其餘的時間完全是在河北區的，按照以上考證地區的情況來說：思同在這一個時期內，往來壺關和井陘以東，無論因其魏帝的使命，或是爲著個人的需要，都是有其相當可能的。《思同傳》沒有到過壺關和井陘以東的記錄，可能是傳文的遺漏或因其事跡的不重要，因爲史傳并不等於流水式的賬簿，不能夠「細大不捐」地統統記下來的，本《傳》中把「庫部郎中」列在五遷之內，就是說明這個例子最有力的證據。

上面對於三個反面論據的考證，只是證明其在推論上的不定性，也就是說在其發展到決定性前，是不可能從之求出一個結論的，但是，不定性的論據也有其相當作用，在討論問題中還是應該加以注意的。

六、結論

《齊民要術》是元魏人著作存留到現在的三部書之一，除了《水經注》作者酈道元《魏書》中有傳可據以考證外，《要術》和《洛陽伽藍記》兩書的作者同是不詳其始末的，現在爲考詳《要術》作者的始末，因受史書沒有記載的限制，所以只能根據《要術》本書和《魏書》有關的材料，按照年代、籍貫、學業三方面求出應合的基點，從而推定作者賈思勰是《魏書》列傳的賈思同，本著這個推定所據的基點來說，在考證中雖然具有相當的理由，但這只是爲證明其可能，并不意味著推定的正確。不過反面三個論據，因其在推論上的不定性，也沒有否決作用的力量，所以在討論這個問題中，無論其爲正面或是反面，都應該在史傳的材料以外另尋得其它一些新的材料，從之作出正確的論據，才算是達到完全解。至於史傳以外的材料，主要的是其本人的各種著作，其次是同時或稍後人的著作，再次是其先後的碑碣和墓誌，但賈思勰除了《齊民要術》以外，并沒有見到記錄其它的著作，就是《思同傳》提到駁難杜服《積成十卷》的書，在《隋書》和《唐書》的《經籍誌》中也都沒有著錄。據《左傳疏引》衛難、秦釋兩則，獨不一見賈思同駁衛之文，當然《十卷》的駁難早已亡佚不存了。論其同時稍後人所著的書，如《洛陽伽蘭記》和《顏氏家訓》，雖然都稱引元魏人士和他們的遺聞遺事，但也沒有提到賈思同和《要術》作者的名字。至於北朝碑碣墓誌，總和宋至近代著錄，先後出土將近二百種，姑就所見諸家錄文來說，像滋陽縣的賈使君碑，壽光縣的朱岱林墓誌，便有可據爲考證的資料，如據賈碑推定思同生年，見於三章年代考證者，就是一個重要的資料，朱誌載鄉里交游三人，「廷尉卿崔光韶」、「侍中賈思伯」、「黃門侍郎徐紇」。據《魏書》各傳考之：崔光韶住在「青州南郭」，賈思伯爲「齊郡益都人」，徐紇爲「樂安博昌人」，及《誌》云朱岱林爲「樂陵濕沃人」，同屬於元魏的青州，又同在一個時期內，所謂結交宴嬉是有其可能的，但按史傳所載：「思伯終於侍講，不言其爲侍中。」所謂侍中者，卻是賈思同，因此可以推定《誌》文「侍中賈思伯」句，官與人名兩者中必有一是錯誤的。今按熙平元年思同爲庫部郎中，岱林兄旭時兼尚書左士郎中（見《魏書·禮誌》），和神龜年中思同爲青州別駕，正當光韶弟光伯請解別駕後，而思伯在此一時期內，已經官至廷尉衛尉卿，並且是住在洛陽，未回其青州故居，按照情況來說，《誌》稱朱賈結交，應該是賈思同，《誌》云「賈思伯」者，因二賈的聲望，思同遠不及兄，作者習於所聞，便寫作思伯了。又按《誌》載岱林卒於元魏普泰元年（公元五三一年），至高齊武平二年（公元五七一年）改葬於百尺里東，計其卒葬相去已經是四十年，《誌》文爲岱林第四子敬修所撰，據敬修自謂，「罹罹此荼毒，眇然咳幼，離奇以生，龍鐘而立。」又云，「先言多不備述，往行盡是闕如。」以其遠在四十年後，追述幼時所聞所見，當然錯誤是難免的，復據史傳考之：思伯在太和、景明兩朝，已爲魏帝父子所知賞，而當時的權貴如元澄、元叉及其鄉里崔光、徐紇、馮元興都是和思伯有相當關係的，所交盧同、辛雄、曹世表，又都是一時知名之士，論其名位顯赫，是有所憑藉的。岱林足跡未出鄉里，仕於本州并無顯名，以其人地懸殊而言，是沒有接觸機緣的，所以說應該是賈思同，但在考訂誌文官與人名乖錯中，同時使我們注意到二賈的爲人，如考證思伯的名位顯赫，其仕宦作風是很明顯的，本《傳》敘其爲侍講云，「思伯少雖明經，從官廢業，至是更延儒生，夜講晝授。」是可以證明其然的。至于思同的爲人，據史傳所載仕歷，自釋褐王國侍郎後，五遷爲尚書考功郎，至青州別駕，和試守滎陽，總和前後計之，將近三十年，比起思伯的遷除來說，兩者宦途是有利鈍的，但至永安之世，思同官位已顯，這是因其舊爲彭城屬官，而莊帝爲彭城王勰之子，故即位之初，即授之一州，又因其抗拒元顥之功，三遷而至左光祿大夫，和思伯趨勢請托是不同的。又《傳》稱其爲襄州刺史云，「雖無明察之譽，百姓安之。」及爲侍講時駁難杜服，彼此「互相是非」而不決，也可以確定他是專於學業，而不是偏長吏治之才的人，因此之故，思同官階雖高於思伯，身後之名轉不逮其兄，而《誌》云「侍中賈思伯」是有其相當理由的，現在根據這段考證，了解到思同的爲人。

《齊民要術》版本考

賈思勰《齊民要術》爲今日所存農家最古之書。其書：分卷有十，爲篇九十有二。凡種植牧畜之術，及經傳歌謠足資佐證者，靡不詳書備載。其辭既淵博古雅，事復切近民用。而以「詢之老成，驗之行事」，然後筆之於書，尤非後世率爾操觚虛而寡實者可比。故自隋唐以降．補苴增衍代不乏人，卒莫能逾其樊籬駕而上之也。今按賈君著書在東魏初年，下距隋唐不逾百祀。而據《隋書經籍志》著錄其書，及唐初李淳風演爲《演齊人要術》。則賈君書成而後，固已傳行於世。宜爲講求食政者所奉守矣。惜後世以躬稼非學人之事，治生爲大雅所譏，率鄙棄其書而弗重。是以周宋兩朝：竇儼議請採集流布，以重蕃阜。雖世宗之英明，猶以務於遠略，未暇採《議》施行。李防請賜鏤版頒行，以資勸教。而天禧詔刻之本，亦僅貯藏閣庫，未能發監取贖。遑論南宋龍舒之刻未及久遠，元明覆刻訛錯百出者乎。余嘗慨夫學人之浮獵虛辭高談玄謨，以爲雕蟲棘猴之巧無益於治。自讀賈君是書，未始不歎其屏黜浮辭專徵實用，爲能卑之無高論也。每欲追蹤野老，親習其事，相與印證得失。徒以頻年作客，居鄉日少，無從酬此懷願。近與胡君立初共治是書，以無善本，遂爲之廣羅諸刻，讐校譌謬。每正一字，獲一新解，輒爲欣爽累日，信乎誤字思之之有適也。然賈君引書浩博，其存於今者不逮十之一，且多古本而非今之行世者所可定正。用是：胡君依類集錄其文，詳爲考辨異同，以著《要術引用書目考證》。余向謂讐正古書，宜詳傳刻源流。故亦樂就所見諸本考校先後，定其得失，以成是篇。雖未能撥翳滌垢，要亦爲讀是書者所當知也。

按《要術》傳刻之本，以宋崇文院校刊爲鼻祖，龍舒重梓是其子本，元明翻刻悉屬雲仍，而清儒校刊者，則又汲古之嗣續也，茲依次條考於左：

北宋本　宋崇文院校刊。每葉十六行，行十七字。注小字雙行，行二十五六字（據《吉石盦叢書》影印本）。按諸本所載紹興甲子葛祐之《序》云：「《齊民要術》舊多行於東州，僕在兩學時，欲求善本寓目而不得，今使君（張轔）得之向伯恭，蓋此書乃天聖中崇文院校本」，是院本刊於仁宗之世也。今據羅振玉《吉石盦叢書》影印日本高山寺藏殘本考之，卷中宋諱闕筆至恆字，又闕通字末筆。按通爲眞宗劉皇后父名。據《宋史仁宗紀》：乾興元年十月葬眞宗於永定陵詔中外避皇太后父諱，明道二年八月詔中外毋避莊肅太后父諱，自乾興歷天禧而至明道二年凡十一年（《雲谷雜紀》謂僅行於十年之間，舉大數言之也）。則宋諱通字在劉后垂簾之日，而葛《序》稱天聖中校本固爲有見也（《羅本題稱明道殊爲疏誤）。又按李燾《孫氏音義解釋序》稱「韓諤又撮思勰所記別著《四時纂要》，本朝天禧四年詔並刻二書以賜勸農使者」（見《文獻通考》《經籍考》），及王應麟《玉海》謂「宋朝天禧四年八月二十六日利州轉運使李昉（按昉當作防，防爲利州轉運見《宋史》本傳，昉則卒於太宗至道二年也）請頒《四時纂要》與《齊民要術》二書，詔使館閣校勘鏤本摹賜」。則崇文校刊之本，實經始於天禧，訖於天聖，閱兩朝五六年之久，始得刊成全書。而《玉海》別引宋《國史志》云「天禧中頒《齊民要術》於天下，以教種植蓄養之方」，殆誤以詔刻爲其頒行之年也（按宋館閣校勘，例於勘畢後裝寫淨本進呈審定，必待覆校無譌然後請旨雕印頒行，故詔刻頒行必非一二年事也）。羅本惟存五八兩卷。按《經籍訪古志》所記，尚有卷一殘葉二紙。據云「一卷首《周書》曰神農之時天雨粟一條小書夾注」，當是卷一之首葉。今羅本無者，殆高山之藏續有散佚歟（按《訪古志》元備《序》，其書蓋撰於日本安政丙辰，即清咸豐六年也。羅《跋》稱楊惺吾言曾於日本高山寺影寫北宋殘本二卷，並出所刊《留眞譜》見示，撫卷五第一葉數行云云，則此二葉清光緒間已散失矣）。

按《經籍訪古志》並載有尾張眞福寺藏舊抄卷子本，中缺第三卷。體式與院本合，宋諱闕筆亦同。卷末有日本仁安元年，寶治二年，建治二年書寫校正諸題記，考其時日皆當南宋之世（仁安元年爲宋孝宗乾道二年，寶治二年爲理宗淳祐八年，建治二年爲端宗景炎元年）。則謂「取原於宋本」，蓋可信矣。今北宋院本雖傳於世，然僅存兩卷而非全書。南宋覆刻唯見明抄，已不免於魚豕之失。此本倘在人間，若能影印以公諸世，亦是書之幸也。企予望之。

南宋本　宋紹興十四年張轔刊。以刊於龍舒，故世亦稱爲龍舒本。每葉二十行，行十七字。注小字雙行，行二十四五字（據校宋本及明抄本）。按葛祐之《序》稱「龍舒張使君貽書，以《齊民要術》刊板成書，求僕爲序以冠其首。僕在兩學時，欲求善本寓目而不得。今使君得之向伯恭，乃天聖中崇文院本」，知即據北宋院本而重梓者也。原本各家書目未見著錄，蓋已久佚。清乾嘉間黃丕烈聞孫星衍云「其門人洪殿撰有影宋本」，卒亦未見，後黃別得一校宋津逮本，始悉宋本行款。惜校者未詳記原委，且僅校至卷七《笨麴餅酒》第六十六《作秦州春酒麴法》一段而止。其爲據宋殘本校，抑爲校記未竟，亦莫詳也。道光初張紹仁嘗假黃本別錄一部，其書後爲陸心源所得，因錄出校宋異字及所補津逮脫文刊入所輯《羣書校補》（卷二十三）中（按《鐵琴銅劍樓藏書目錄》有校宋本，並記云「陳子準氏以宋槧殘本校，惜後四卷宋本亦闕，不獲校全」。據《愛日精廬》《藏書續志》所載黃廷鑑《跋》，實爲過錄黃本而非陳氏手校，其誤與陸心源稱黃蕘圃校宋殘本同。又劉恭甫《齊民要術》《校刊商例》云「所見朱述之過錄校宋本亦僅至七卷而止」，疑亦出自黃本也）。近《四部叢刊》影印江寧鄧氏羣碧樓所藏明抄本，行款與校宋所記適合，疑即照宋本抄者。然以取對《羣書校補》所錄校宋之字亦不盡合。如卷首賈《序》「令口種一株榆」株字校宋作樹，「齒腐相繼」腐字校宋作履。卷一「耕田至春而開墾」句校宋無墾字，卷二「黍穄皆即濕踐」句校宋踐下有則字。不惟異文互出，兼亦脫衍並見。其爲陸氏繕刊致誤（校宋原止標列異文，陸則每句依津逮本錄之而改以校宋異字列爲正文，而以津逮本字旁注於下，最易致誤。況校宋未必細校無遺，過錄之本亦不能必無一二誤字。陸之不通校例，亦其不知禮延通人也），抑爲抄校所據原非一本，不可知也。第據明抄本考之，南宋之刻似有二本。如明抄卷八《作酢法》第七十一《秫米醋法》「揮去熱氣令如人體」，《迴酒酢法》「攤令冷如人體」，及《作豉》第七十二《作豉法》「淨地擇之」三句之揮攤擇字，北宋本均作揮。按擇字自屬揮字形似之誤。攤揮二字，在《要術之用》，則義各有別。蓋揮爲揮揚，僅使物微散熱氣。故云「揮如人體」，「揮令小煖如人體」。攤爲平鋪，乃使之發散熱氣。故云「攤令冷」，「攤令極冷」。其謂「撣令冷如人體」，猶云「撣令小煖如人體」也。若爲攤令冷，則不得云如人體矣。且此攤字佔地偏右，其爲後人補字，跡尤顯然（又卷八《作酢法》第七十二《作糟法》末句「置屋下陰地」下有「之處」二字，其筆跡亦微異。蓋與此攤字均屬後人據津逮本所補者。至津逮攤字當出胡刻校補，蓋徒見令冷而不知其冷如人體之非冷也）。三字之中，蓋惟撣字爲出南宋之舊。其改字之故，似因撣與亶字同音，爲避欽宗舊諱同字。如後文《作芥子醬法》「摶作圓子」爲避欽宗嫌名丸字而改（北宋本圓子作丸），即其例也。而據宋岳珂在寧宗嘉定間所著《愧郯錄》，謂《紹興文書令》哲宗孝宗舊諱單字者皆著令避改，惟欽宗舊諱亶烜二字今皆用之不疑云云。則欽宗舊諱，下至寧宗之世尙未避其本字。龍舒之刻遠在紹興十四年，豈有避至餘字之理。證以鐵琴銅劍樓所藏宋本《爾雅》，謂爲南渡初年刻本者，《釋詁》三亶字不爲闕筆，固可信也。又按今所傳《淳熙重修文書式》舊諱中已載亶烜二字，以所列理宗諱及舊諱稱「御名」「舊御名」而言，當是理宗世增修之本。而亶烜二字載入諱例，亦應同在理宗之世（按《淳熙書式》附載於《禮部韻略》，據《韻略》袁文焴《序》在理宗紹定三年，郭守正題識在景定五年，亦可以定其時也）。則明抄之撣字改於其時，非出於龍舒刻本之舊，亦可推而定之。是故余疑南宋別有覆刻紹興之本，即明抄所據之祖本也。校宋所據，其詳雖不可考。第據賈《序》「一株楡」句株字作樹，猶是所引漢書原文，未避《淳熙書式》所列英宗廟諱同音字。考宋人避諱改字之習起於孝宗之世，紹興初年尙無此惡例（宋葉石林《建康集》著於紹興十二年前，其詩尙不避沒樹字。今本避云「英宗諱同」。蓋寧宗世葉籙錄本所避也）。則校宋所據之本，其即龍舒之刻歟（

按明抄揮字津逮本均作撣，疑其從出之十八行本亦源於龍舒）。

嘉靖本　明嘉靖二年馬直卿刊。以刊於湖湘，故世亦稱爲湖湘本。每葉二十行，行十七字（據黃丕烈校宋本《跋》）。按津逮本嘉靖甲申五月王廷相《序》云「侍御鈞陽馬公直卿按治湖湘，獲古善本，乃命刻梓範民」，當是嘉靖刻書之序。惜未詳其所謂「古善本」係出何刻。第據黃丕烈校宋本《跋》稱嘉靖本唯十行（半葉）十七字與宋本偶合，卷五缺一葉（第三葉，蓋第二葉後即接第四葉也），又缺葉前一葉（第二葉）之最後四行，共二十四行云云。以津逮本考之，其缺者乃《桑柘篇》之文。又馬刻既謂出古善本，所缺當沿其舊。古善本之行款，雖屬未詳。若據黃謂嘉靖本每行十七字（大小均十七字），以考校宋所補之缺文，應爲十八行（黃《跋》稱「校本又云廿八行」，按廿八行似當爲十八行之誤。然則校宋所據之本大小字每行均十七字，而與明抄所據異矣）。則其謂嘉靖本缺前葉最後四行與缺葉二十行共二十四行者，當非馬刻所據古善本所缺之行數也。以意推之：王《序》所謂古善本，蓋每葉十八行，行十七字（大小字同）。依此行款推之，自津逮本卷五第一葉首行至第二葉第十七行脫文處，共得三十六行，恰當兩葉之行數。其後缺文既爲十八行，亦適足一葉。則馬直卿所獲古善本，其書實佚去第三葉。故湖湘之刻亦遂依原本所缺，特空一葉以存其數。然原本每葉十八行，馬本增至二十行。雖空存一葉之數（殆爲補刻計），實已溢出六行，殊失其爲等空之義。而黃《跋》以其共缺二十四行與校宋不符，至謂「多寡實數不可揣知」，蓋亦未知馬刻之祇存空葉而未計行數也。馬刻原本今不可得，據黃丕烈黃廷鑑所見明本謂似是所云湖湘本者，字跡惡劣而墨釘缺失與津逮本同。惟劉恭甫稱其音切在本字之下，注中亦爲夾注，尚未失宋本典型。然考錢曾《讀書敏求記》謂「注中刪落實多，如首卷端《周書》曰神農之時天雨粟云云，原係細書夾注，竟刊作大字」。及楊慎《丹鉛總錄》（據嘉靖甲寅本）擇錄《要術》中奇字，如所引卷九《煮⿰米眞》第八十四之⿰米眞粍譌作⿰米亘粍（津逮本又譌⿰米亘作粒）。莫片反譌作草片（津逮本同）。則其譌謬脫落已不可盡讀，而有明諸刻之失亦悉源於是矣（按錢曾似見善本，惜《記》中未之詳論。近聞劉君仲華言：「曩蓄一本，板式絕似元槧，取校津逮本，墨等脫文大體相同」。惜亦未記行款，無從推考。若云元槧，據《郘亭知見》《傳本書目》所記，每葉二十行，行大字十八字，則與此所考十八行本不符。若爲湖湘以前舊刻，則其譌脫頗似所考十八行本，當即湖湘從出之祖本。惜不可復見，而一證之也。姑識於此，以待將來）。

津逮祕書本　明胡震亨校刊。以毛晉收入所輯津逮祕書中，故世稱津逮本。每葉十八行，行十八字。注小字雙行，行亦十八字。按《四庫全書總目提要》（子部雜家存目）謂震亨初刻所藏古笈爲《祕冊彙函》，未成而毀於火，因以殘板歸毛晉，晉增至一百九十三種爲《津逮祕書》。凡版心書名在魚尾下用宋板舊式者皆震亨之舊，書名在魚尾上而下刻「汲古閣」字者皆毛晉所增。今本書書名在魚尾下而無「汲古閣」字，知爲《祕冊彙函》之舊槧也。其刻書年月未詳，沈胡二《跋》亦無歲辰題識，據《津逮祕書》毛晉《自序》及其所收《彙函》舊槧《泉志》徐象梅《跋》考之：徐《跋》在萬曆癸卯（三十一年），已稱「沈汝納胡孝轅旁羅祕冊刻爲《彙函》，總若干卷」。毛《序》在崇禎庚午（五年），謂「胡孝轅以《祕冊》二十餘函相屬，惜半燼於辛酉之火」。辛酉爲《熹宗》天啓元年，則《彙函》

之刻固當神宗之世也。復據震亨此書《跋》稱「友人姚叔祥」（士粦）語余，獨《齊民要術》僕所未覩耳，戊戌計偕入都獲之燈市，南還與叔祥篝燈校讀」，及《異苑跋》稱「戊子就試臨安得劉敬叔《異苑》，又十年戊戌下第南歸，與沈汝納（士龍）同舟，再共證定百餘字，遂稱善本」。似兩書之刻相先後，以《異苑跋》署己亥爲萬曆二十七年，則其刻固在徐《跋》所云《彙函》若干卷中也。又按震亨《跋》稱「南歸與叔祥校讀，至第二卷二幅，原本脫去，重刻別卷補入，參錯難解，更從吳中趙玄度假得善本足之」。檢證今本第二卷中第二葉後所署「又二」一葉，當即據善本補足者。惜於所謂兩本未詳何刻。以意度之：假諸吳中者或即湖湘原刊，其獲之燈市者當爲翻刻嘉靖之本。卷中墨釘脫字，據黃丕烈校宋《跋》謂出湖湘之舊。然考卷十脫文有至數行或數十行者：如（第四十九葉）《杭》條之目與所引《廣州記》之文弗應，以明抄校之，乃缺《朹》條本文及《夫移蕫》《木威榞木》四條與《歆》條之目共二十行，而適爲明抄之一葉（第四十九葉），疑其爲十八行本所據宋本脫葉之文，又（第十二葉）《棪》條亦與所引《爾雅》之文相乖，以明抄校之，乃缺《棪》條本文與《劉》條之目共三行，疑亦爲十八行本偶奪此三行致併兩條爲一（此據其行款推之）。則此本之譌脫墨等實遠承十八行本，而未可盡歸咎於湖湘也。惟《菖蒲》條於目下注云「脫」者，據明抄並脫《薇》《萍》《石菭》《胡荾》《承露》《鳧茈》《菫》七條共三十八行，疑爲湖湘所據十八行本脫葉之文。然二葉合得三十六行，尚餘兩行。或由校者以其文（即菫條末兩行）與《菖蒲》條目弗應且復殘剝不完，遂加墨勒而致刪落。其後（第三十九葉）《守氣》條目下亦注云「脫」，據明抄乃脫其所引《爾雅》之文共兩行。依前《棪》條脫文推之，疑亦原脫《守氣》本文與《地榆》條目三行，校者因其弗類爲補立條目並注以脫字，而其刪落補注或即出於湖湘之刻也。又其後（第四十三至四十五葉）《棫》《櫟》《桂》《木緜》四條十九行據明抄在《桑》《棠棣》兩條二十行後，當爲胡刻所據湖湘之錯葉。蓋此本《木緜》條「又云」以下據明抄原作「吳錄地理志云」而爲提行另起之文，故四條共得二十行（因提行故，遂溢一行），此當爲湖湘之一葉而誤置於前者也。「又云」以下據明抄乃《櫰木》條之文，因失條目而誤合木緜爲一者。胡蓋未諭其故，而以《木緜》本條與此同引《吳錄地理志》。不應兩稱其名，遂改作「又云」而同行連屬書之。此則胡校所改而非湖湘之舊矣。至卷中音切在注中者，宋本皆於本字下雙行小字書之，劉恭甫所見明本猶然。此本彙集以附於本注全文之後並空隔一字書之，恭甫深以爲非。然按此本卷一《耕田》第一「寧燥不濕」注中「濕耕堅垎」下瑚洛二字，爲「胡洛反」夾書之合文。「秋耕待白背勞」注中「秋田㙞」下長形墨塊，爲「長劫反」音注之等字。及《種穀》第三篇首注文「奴子場」下「音加」二字爲側書小注，「黃鴿」下「鴿合」二字爲鳥含反。至右騎以下音切始彙置本注全文之後。則胡刻初意原依舊式，特以剞劂未精，慮有混誤，遂改置全文之後，此固未可深非，而其譌謬亦不在此也（按音注彙置本注全文之後，自《農桑輯要引要術》已然，固不始於胡也）。蓋震亨當神宗之世以博雅嗜古稱，所藏古籍亦復有名於時。而其輯刻《彙函》，又皆與姚士粦考定原委，補綴遺脫，然後發付寫刊。故《彙函》之刻頗爲當時所稱許，而其正譌補脫亦實有不可沒者。以明抄言之：卷六《養牛馬》第五十六「一曰惡芻二曰中芻三日下芻」句之下芻，此本改作「善芻」。

據本注云「飢時與惡芻飽時與善芻」。則其字自當作善，以善芻惡芻相對爲文也。卷十《藨》條文云「郭璞注曰藨即莓也」，此本於郭注前補「爾雅曰藨藨」五字。據前後諸條均先引《爾雅》本文次及郭《注》，則此不應獨異，而其爲舊本偶脫可知。此正其所當正與補其所當補者也。然以賈君稱引繁博，所見復多古本，爲之存正勘謬已非今日習見之本所能據定。而種植牧畜悉屬專門，又非親歷其事者莫能驟解。震亨士彝徒具詞林博辯之才，僞造古書之長。以此才情參校是書，已覺用非所宜。況復任情予奪，隨心塗改，而未能出之以矜愼者乎。是以讐校補綴不無微勞可言，而其錯譌疊出實亦難爲矜恕。姑舉其太甚者言之：明抄卷一《種穀》第三注云「西兗州刺史劉仁之」。西兗州爲元魏分置三兗州之一，即孝昌三年自滑臺移治之定陶也。仁之爲西兗州刺史見《北史》本傳，時在東魏初年，蓋承邢邵爲西兗州之後。胡校改西作昔，是猶未悉魏有東西南三兗州之號，且不知檢閱史傳以求解也。卷六《養豬》第五十六引《爾雅》䝏豶幺幼一段，原屬約舉之文。明抄於所引「絕有力豟牝豝」句誤作「絕有十豝」，其下復空三字而接「爾雅云彘豬也其子曰豚一歲曰豵」句。蓋誤力作十而脫豟牝二字，又誤提豝字連於十下。其最下空脫之字當作小，屬下「爾雅云」三字爲句。據《爾雅邢疏》引《小爾雅》云「彘豬也其子曰豚大者謂之豜小者謂之豵」，其文雖復微異，然固《小爾雅》之文也。胡校乃據《爾雅》增足其文，復改「爾雅云」爲「注云」。驟視之，幾不辨其爲何家之逸注矣。卷八《作酢法》第七十一《水苦酒法》「女麴麤米各二升」句，女麴本謂以秫稻米所作之麴，與麥作之麥麴異，故別稱女麴。其法詳載於卷九《作菹藏生菜》第八十九中。胡校不知檢尋取證，乃改女作取。蓋徒見其後《卒成苦酒法》「取黍米一斗」句，及以前諸法中有「用春糟」，「用大豆」，「用生小豆」等句遂因類而改。初不知麴中尙有女麴麥麴之異也。學識如此，竟敢妄下雌黃。而其翻墨塗鴉，不惟士龍「三昔膏火」等於虛擲，即震亨儉腹自曝亦「將爲此傖鬼所笑」。顧此亦明人拋廢經史專務雜學之陋習使然，無足爲之深責。特今之讀《要術》者，每嗛津逮墨釘空等爲不可讀，是猶未知胡校作祟而爲是書之創痏也。故爲發之於此。

學津討原本　清嘉慶九年張海鵬校刊。即其所輯《學津討原》之一也。每葉二十行，行二十一字。按海鵬《跋》稱湖湘昔人以刪削詆之，津逮又多脫文訛字，爲之廢書屢歎，琴六黃君（廷鑑）錄示《農桑輯要》中所引諸條，文注詳備，因得據以訂定云云，似張據黃校而定之者。然據《愛日精廬藏書續志》（卷三）所載黃校宋本《跋》稱「嘉慶初照曠閣據胡震亨本梓入《學津討原》」，予任讐勘之役」，則其校補即出廷鑑之手也。今按書中據《輯要》校補各條：爲卷四《種梨》第三十七「令去地五六寸」句下補注文五十一字（張《跋》誤記三十二字），「封熟泥於上以土培覆」句下補正文二十二字，《奈林檎》第三十九「取裁如壓桑法」句下補注文十五字。卷五《種桑柘》第四十五以「桑矢糞之」句下補注文四字，又補正文剶桑一段及種柘法共五十九字（並意補馬鞭二字），《種槐柳等》第五十梧柞之文分作兩節（按津逮柞譌作致，而誤合爲一，又改注文栩字作桐，遂覺冥無痕跡，殆亦胡校之能事也）據字書讐正譌字者：剝枝之剝爲剶（卷四園籬第三十一，並補注敕傳反三字），鑹棲之鑹爲鍽（按津逮本均作鍽，未詳此所據爲何本），責粗之粗爲糗（卷九第八十四）。而其改荀爲筍及注文思丑反爲思尹反（卷八第七十六），則直與北宋本同矣。此皆見於其《跋》者也。然《輯要》採引之文頗有增删，且復分割別立目類，已不盡屬《要術》原編。廷鑑亦以其出於後人徵引，慮有增損竄易。故雖校補矜慎，不免復有闕失。如津逮卷五《桑柘篇》脱去之文，《輯要》所引即分隸《修蒔》《科斫》《桑雜類》及《柘》四目中。其文雖具存無缺，張黄所補竟遺修蒔條中又法以下連注文共五十三字。然其採綴比次能與原文密合如一，已非尋常校勘者所得倫比矣。

崇文書局本　清光緒元年湖北崇文書局刊。每葉二十四行，行二十四字。按此本出自津逮，惟所據印本較晚且有脱葉。而校者亦不甚通曉校書條例，隨文校改頗涉迷誤。如賈《序》第二葉「積細草臥」下注云「原缺一頁」，檢閱津逮即缺其第四葉也。此刻既不詳記所據板本，貿然注一原字，幾使讀者不辨其缺於何代矣。卷十（第三十三葉）《⿱艹哥母》目下注云「錯簡，後前樹條」，蓋以《⿱艹哥母》《都桷》二目兩行駢列，而《⿱艹哥母》之文則在四條後《前樹》條中也。然考其錯簡之故。實因津逮錯葉所致。蓋據津逮勘之：自《石南》至《⿱艹哥母》本目十六行爲一葉，自《都桷》至《前樹》本條畢十五行爲一葉（即至「味辛可食出交趾」而止。津逮均十八行）。此二葉葉數原均刻作五十一，所見津逮訂本亦皆以《石南》一葉列前，或竟將《都桷》一葉塡改作五十二（蓋因其後「《異物志》云⿱艹哥母」一葉原刻作五十三也）。實則《都桷》當列在前，《石南》應爲後葉，訂本者失其前後遂錯置之。崇文校者未審其故，而以《⿱艹哥母》本目爲錯簡亦其疎也。又津逮卷二「又二」一葉首三行，所見本有脱第二三行末字者，有僅存每行上端五字者。此刻則全脱此三行之文，知其所據印本爲最晚矣（按此「又二」

一葉爲胡刻後另據趙玄度本補刻者，首三行則又本葉刻成後鋸裂而重爲改補者。故此三行單條之板易於脫失也）。

漸西村舍本　清光緒二十二年袁昶刊。每葉十八行，行二十一字。按《昶序》云：「謀刻此冊，適故都轉涇縣洪公家有亡友劉恭甫借宋精校之本，爲之狂喜。即延洪幼勤劉謙甫（富曾）校訂上版，並用津逮學津二本互校」，知其用劉恭甫校本而付梓者也。然據劉富曾題識稱光緒初年恭甫館於金陵司冶城書局分校時，洪琴西提調局務，以《齊民要術》世鮮傳本，取明刻及校錄各本屬恭甫參校，其稿存琴西家，而校字異同錯列，旁行斜上有同史表云云。似洪原擬校刻此書，以崇文局本出遂中止其事，而恭甫之校亦似草創未成之書。此刻則出富曾之手，爲據恭甫校本而足成之者也。就卷中勘之：不過席學津之舊而據朱述之所錄校宋本以補正譌脫耳，尚未足以言乎校勘也。即據卷端附載劉恭甫《校刊商例觀之，亦似不甚通曉校學者，度其棄取從違未必即逾於富曾也。昔黃廷鑑於校刊學津本後，嘗據校宋別校明本，惜其書祕藏未佈，致使此刻浪得精校之名，事之有幸有不幸率如斯也。

觀象廬叢書本　清光緒間呂調陽校。每葉十八行，行二十二字。按調陽題稱「此冊從汲古閣《津逮祕書》錄出，舛誤甚多，就所知處略加改正，餘闕之」，則據津逮而校之者也。所正賈《序》「堯瘦臞」之臞字作癯與校宋本同，補卷五《桑柘》篇闕文與漸西村舍本同，似嘗見諸家校本者。然校改則有出入，而文次先後亦頗有更動增刪處。如卷四《種梨》第三十七「令去地五六寸」句下有注文「截杜訖，即烙之，免封泥之難，其插處，蠟護之」十七字。爲諸本所無，似爲呂所補注。各卷中引《周禮》鄭《注》及《孟子》之文又均省作云云，疑亦呂所省改。蓋其書原爲節錄校讀之本，刊者即據以刻入叢書。以所見叢書初印本尚無此書，殆爲後來補刻續入而非調陽手定者歟。

龍谿精舍本　民國六年鄭國勳刊，即其所輯《龍谿精舍叢書》之一也。每葉十八行，行十八字。按冊首題記云：「用高山寺本，漸西村舍本（原誤作精舍），參《太平御覽》校刊」。檢閱書中各卷，除五八兩卷爲用殘宋本外，餘卷則與漸西村舍本大同小異。如賈《序》題目下，漸西據校宋補注文一段，此本擯而弗載。《序》中引《孝經》一段，漸西據校宋改明本「分地之利」句「分」字作因，此則仍襲津逮之舊。又卷十津逮訂本錯葉，漸西據學津改復原次，此則仍沿明本次序而移《蒿母》條目於《前樹》條《南方記》之後。然賈《序》題目之注，本屬賈君用《史記》以釋書名「齊民」二字之義。其作「齊人」，乃宋本沿唐人諱改之舊而未及更正者。《孝經》「因地之利」句，當爲賈君所見別本之文。其作「分」者，乃明人據玄宗御《注》所改（本文後又引「孔子曰居家理故治可移於官」句，校宋本無「故」字。按《孝經》邢《疏》云「先儒以爲居家理下闕故字，御《注》加之」。則孔鄭原本皆無「故」字，賈君所見當亦未具。津逮「故」字爲出明人增竄已屬鐵證，「分」字爲所據改亦可不辨而明。然漸西據校宋改「分」爲「因」，獨存「故」字不爲刪落，棄取之間殊欠分明）。卷十錯葉爲津逮訂本之誤，翻檢原書不難理其繆結。而鄭刊之曲循舊刻擅移條目則似未見漸西之刻也。又按賈《序》「堯瘦臞」臞字校宋作癯，漸西以臞癯兩通仍貫不改，此本作癯當據校宋所定。而其移置卷十《蒿母》條目。又似誤據湖北局本目下「錯簡」之注而改。然則鄭刊殆出湖北局本，而據校宋爲之勘定者矣。夫漸西之刻原非善本，徒以撮合學津校宋獲稱於世，所謂因人成事者也。鄭刊如將漸西原本與殘宋兩卷並付寫官，其書便可駕而上之。乃據官局陋冊，妄加鉛槧。而其存譌奪正，棄瑜錄瑕。不惟遠遜漸西之刻，更失校宋之眞，殊可惜也。至謂用《太平御覽》參校，求之全書殊無校注可見。惟據卷末唐晏《跋》云：「暇取袁氏本與高山寺本對勘，以之爲例，推之他卷，其誤字尙可意會。後又得明初刻殘本，則又有出袁本外者，然其九十兩卷終不可校也。偶翻《太平御覽草木部》，覺其次序頗類《要術》。亟取而對勘，則《御覽》此部固以《要術》爲藍本也。順序求之，一一可按。於是略依《御覽》校定。其餘則本之高山寺及袁氏本」。則此刻讐勘校定即出晏手，而其參用《御覽》校者亦僅卷十之一卷耳。然謂《御覽》草木二部藍本《要術》，未免昧於《御覽》條次分目之例與宋臣纂修所據之本。夫《御覽》爲由《修文御覽》《藝文類聚》《文思博要》諸類書條次而成。已見《總目》前《小引》及《直齋書錄》與《玉海》所引宋《實錄》。而以近日燉煌所出唐寫類書殘卷勘之，亦具見因襲之跡。至其引用《要術》，雖見諸卷首《經史圖書綱目》，按之書中各部殊不數覯。論其採摭六朝以上古籍，或取材於是書。即是書卷十所載五馨果蓏菜茹之屬，亦多見諸草木二部。然《賈君》以非北地所產，故附之卷末聊存名目。以視《御覽》之總載內外八荒，固已大異。而其南植北產相互錯綜，亦難謂之「一一可按」。姑就條目連類相次者按之：《御覽》（卷九百六十）《木部》九，夫漏都桶都咸三條，即本卷之都咸都桷夫編三目也（此特就漸西本言之耳，若鄭刊則不連及矣）。比其次第適相順逆，焉在可以「順序求之」。且一目之中：兩家採錄，本有盈縮。排次先後，各具裁度。而《御覽》之引用各書亦非盡據一本。同一《南方記》也，或直出《南方記》之名，或稱《魏王花木志》所引。前者猶見其爲原書，後者僅屬轉錄之文。此於參校從違之間，已須詳爲裁量輕重。況《御覽》行世之本，明槧仿宋顯有差譌。則其率爾據以定正是書，固不能有得而無失也。今姑就晏據《御覽》參校者言之：津逮（第七葉）《李》條《烈異傳》「兗州蘇氏母病禱」句，據《御覽果部》五，於禱上補一往字。後（第三十四葉）《蔣》條「之目據《百卉部》六，改蔣作菰（漸西本分《廣志》以下文別爲菰條，殊屬非是），並於所引《廣雅》「蔣也」句上據補一菰字。此皆宋本脫誤而晏正之得當者也。然晏以過信《御覽》之可據，又狃於藍本《要術》之見。以爲《御覽》各部所引，見於《要術》者悉屬《要術》原文，遂不復考辨異同而竟從以校改。如津逮（第一葉）《五穀》所引《博物志》「其實如大麥」句，本謂蒒草之實形如大麥。晏據《御覽藥部》五，於「其實」下補「食之」二字，則形味互易而語意亦爲之頓變。然其文猶可兩通也。若（第五葉）《桃》條所引《漢舊儀》「其里枝間曰東北鬼門萬鬼所出入也」之里字本作卑，漸西之校業已定正其文，晏乃刪「里枝」二字而改作「其東北間曰鬼門」。蓋據《御覽果部》所引「東北間百鬼所出入也」句而改，不知「東北間」三字鮑校宋本原作「東北門」，其爲「東北鬼門」脫字致譌固已顯然可見。即以《獨斷》所記神茶事證之，亦云「卑枝東北有鬼門百鬼所出入也」。然則《要術》「卑枝」二字具有根源，而晏之橫加墨勒實不能不謂其考據之疎也。

右自北宋崇文校刊至最近龍谿之刻九部，爲《要術》傳本之源流。兩宋湖湘之刻，則僅據景宋明抄津逮三本考其大略。津逮以下，原書俱在，不難取以印證。至元刊二十行本與此考所謂十八行本及湖湘原梓華亭覆刻（瞿《目》云「華亭沈氏竹東書舍刻本」，未悉與胡刻孰爲先後）。世或尙有其書。若得諸本相與參校當可補正斯考，是所望於藏書之家出其瓌祕而共證之者也。

復就以上所考諸本按之：景宋爲崇文正本，而僅存兩卷。明抄雖得其全，以源出龍舒已不免南宋諱改之失，加以原抄補改之誤益令失眞。是在今日尚無善本之可言也。津逮之校悉出臆改，學津重定憑資《輯要》。爲論得失，自以臆改爲非而《輯要》爲可據。然《輯要》舊本，元梓明槧不可復覩。四庫館本出自《永樂大典》，原本二卷已非全書，館臣校定復多誤改。如卷二《麻》條引《要術》「至後十日爲下時」下注「言及澤急也」句，「急」下本有「說非辭」三字（明抄同）。「急說非辭」爲賈君釋諺語「及澤」字，館本刪去三字致不可解。「布葉而鋤」下注「頻翻再徧止」句，「翻」本作煩（明抄同）。頻煩爲言速鋤，使再徧相及也。館本改作頻翻，竟是翻轉土塊。不惟翻塊無以培根，即論行鋤亦無翻法。一字之易事理全乖，可謂謬矣。又「生熟合宜」下「太爛則不任挽」注，本無「挽」字（明抄同）。「最爲柔韌也」注，韌本作肕（明抄津逮均誤作明，肕明形近亦可知其不作韌也。且《要術》韌字作肕，如卷五種柳注河柳白而肕句諸本皆然，何得此獨爲異）。館本增衍改字亦屬非是。學津未知館本之妄，悉從而改之。雖云依傍有據，其失已與臆改無異。此幸有陳元覯《事林廣記》（農桑類）摭錄《輯要》之文尚得摘發其覆，其他之不可知者當難更僕數，且《輯要》之採撮《要術》，亦據南宋龍舒之刻。與明抄同出一本，原無高下可言。而其節取原書，增加音注，又當分別觀之也。漸西依據校宋，棄取之間不無乖錯。龍谿錄刻景宋，兩卷之外仍多紕謬。是在今日尚無善校之足稱也。然校勘古書原非淺識者所能任，辨別板本尤須知其傳刻源流。然後爲之持本對讐，通以音訓，貫以全書，乃可校訂譌謬。此固未可以論胡黃劉唐之校者也。蓋吾觀清儒校理古書，每覺其猶未盡善。緣通校勘者多不識板本，知板本者又弗善於校勘。故王鳴盛稱宋本《白虎通》（此據瞿《目》宋翔鳳《序》。然《尚書後案》自注云「元大德九年劉世常刻本」，未悉宋何據也），汪繼培據元刊《潛夫論》（即明正德本），皆以誤認明刻爲宋元致成笑柄者也。若黃丕烈顧廣圻輩，以講求板本見稱於世。顧其校書，惟知詳記行款標列異同。而其謹存舊文無所裁斷，則又古刻之輿臺而世之所譏爲「死校」者也（顧校多武斷。其足稱者惟持本死校景宋仿刻而已）。其能兩通者，亦復昧於傳刻源流，如邵晉涵《爾雅正義》「戎叔」條引《氾勝之書》，即舍《要術》而用《農桑輯要》。其意：固以津逮之刻譌脫難據，《輯要》出自《大典》爲足信也。然《氾勝之書》久已亡佚，《輯要》所引原出《要術》。即使津逮譌脫猶當據《輯要》補正引之，況此「大豆」之文兩書如一。棄此取彼既違注例，數典忘祖適形其陋，亦其知板本而不知源流之失也。又《要術》引書多據原本，津逮雖多刪改猶存舊文。如卷二《大小麥》引《廣雅》「大麥麰也小麥䅘也」，今本《廣雅》䅘作麳。䅘从禾來聲，來其本字，䅘爲形聲（此因來假往來後而起之字）。麳字不見說文，且違六書字例，則是後世俗字可知。又卷十《薁》引《廣雅》「燕薁櫻薁也」，今本《廣雅》櫻薁作蘡舌。據《毛詩傳》釋薁爲蘡薁，則櫻蘡相通而舌爲譌字無疑。王念孫《廣雅疏證》，歷引其文，弗從更正，蓋亦以《津逮》之刻爲不足據。即其據以訂正者，如「菰蔣也其米謂之彫胡」句補彫字，「狗虱鉅䑳藤宏胡麻也」句補藤字，亦必待數據而始改，可謂愼重其事矣。然賈君引書每多約舉之文，甚或移其前後而錯置之。此古人著書以徵引明事，非若後世專以廣徵博引爲誇富計也。姑就所引《廣雅》言之：卷二《種芋》引「《廣雅》曰藉姑水芋也，亦曰烏芋」。蓋以藉姑生水田中，水芋之名易曉，故以之爲釋。又名烏芋，故加「亦曰」二字別之。此改移《廣雅》原句爲求明顯，而實則無害於原書之義也。又卷十《胡荾》引「《廣雅》云枲耳也，亦云胡枲」。此在所引《爾雅》菤耳苓耳之文後，故逕作「《廣雅》云」。蓋謂《廣雅》名此是枲耳也（餘條作《廣雅》曰，此繫上文可知），故亦不復錄其全文（此條津逮在缺目中，爲王所未見。又賈君此引實據《爾雅郭注》爲之）。此賈君引書裁制之意也。王《疏》乃以《廣雅》無言「亦曰」者，斥其文爲誤引，未免過矣。夫校勘古書誠非易事，雖以王邵二氏之淹博愼密，猶未能定正得當。則亦徒知講求板本，而弗考傳刻源流有以致之也。

《齊民要術》引用書目考證

《齊民要術》，東魏賈思勰之所述也。其「文章古雅，援據博奧」，視酈道元《水經注》之「掇籍宏鋪，文藻駢麗」，固無遜色。以論農田水道同爲國治民生之本，二氏親驗其事發而著書，其學業功用亦無得而軒輊焉。顧酈書經明清兩朝表章注釋，久爲學者所宗。《要術》以記民俗歲時治生種蒔之事不爲世重，而其書之傳也亦不絕如線。豈所謂古雅駢麗之文行遠有異耶，亦其所傳者弗盡由其所以傳也，蓋吾觀清儒綴輯古佚，校理舊文，至於漢魏殘石，唐宋類書，罔不搜羅徵採，獨於《要術》一書屏置弗取，未始不歎荊璞之未剖而世之能讀是書者少也。居嘗就其引用各書考之：若經，若史，若子，若集，凡得百八十餘種。取校羣籍；不惟祕冊佚帙足資採擷，即行世諸經諸史中之譌文脫字亦可據以訂正。引而申之：考經部傳注，則知青齊經學好尚，與唐定義疏折入南學之由。覽子部遺文，足見漢晉閭里民俗，與其治生之恆業。此皆研討《要術》之餘緒，其裨益讀經考史已如是。遑論農耕種植之術尚行用於今日，而有可以揚榷商略者乎。蓋賈君者，青齊之舊族，高陽之太守也，賈宗雙鳳（思伯思同兄弟），擅美當世。杜氏《春秋》，講授顓門，家有經師，宜其博識宏通。身守一郡，宜其亟勞民事。則覽夫經傳之文，詢諸老成之言，總括田蠶園囿之事，述此十卷之書者。雖云教民之常經，亦賈君之實政也。然而世之學者猶以農家小籍無關宏旨，錯簡譌字交棘口脗，視爲不足道不可讀。能毋慨夫世之讀是書者之少，而謂書之所傳不盡由其所以傳耶。余既就所徵引各書集錄其文，爲之參校異同。因復總集其事，依條考證以成是篇。雖詳考廣證之未能，然已足見賈君著作之美。苟得以此與酈書並行天壤間，則農田水道之學當相得而益彰矣。

本篇所考引用各書百八十餘種，乃合其見於《要術》本文及注中者而通計之也。注文：舊以古人著書無自注之例，及卷中引《漢書》間入顏籀之注，疑非賈君所作。清修《四庫書提要》復據《文獻通考》所載李燾《孫氏音義解釋序》，斷爲孫氏所注。然考《要術》之作，原以訓農範民，曉喻家童。故每事指斥，不尙浮辭。丁寧周至，唯恐弗喻。而於奇字疑義隨文音釋，古法舊術附案申證，正其所以利於教也。方諸漢志藝文間注撰人，《續漢郡國》附列本注，其事又適相當也。若謂注出孫氏：則六朝以上諸古籍已亡佚殆半寧爲宋人所及見，而青齊舊俗民諺亦非孫氏所能知也。即以燾《序》考之：其稱孫氏「音義解釋略備，正名辨物與揚雄郭璞相上下」，雖與本書注例相似。然又云「稽古餘力，悉發其隱，盍併刻焉，使斯民日用知所本末，更被天禧遺澤」。則其書之已未付梓尙不可知，而據晁《志》陳《錄》及《宋史藝文志》均無著錄，亦似燾嘗序之而實未刻以行世也。復以《要術》本書言之，今傳刻本悉出南宋龍舒。龍舒之刻在紹興十四年，固與燾是《序》相先後。然據葛佑之《序》稱其出北宋崇文院本，而不言採用孫氏音解。則今本注文原本北宋，其非孫氏之作已無疑義。更以現存北宋殘帙五八兩卷對勘今本，除一二南宋避改之字，其注文亦無不同。然則今本全書之注，悉仍北宋崇文校勘之舊，而所引《漢書》顏注爲舊本附注之羼入本注者亦可推而知之也。若《提要》引董穀《碧里雜存》謂注中「一石當今二斗七升」之文與北齊時百升隱斛之謠弗合，據爲注非賈君所作之證。查《要術》全書實無此注，而其爲董誤據《農桑輯要》所引《要術》附加之注者，則又不値於一辯也。至論《要術》傳刻之本：自明以來，譌脫省刪，已不足據。近世所出，景宋明抄，允稱善本。景宋殘帙兩卷，猶是崇文舊槧。明抄十卷之本，尚具龍舒遺型。故茲所考：悉據明抄，參以景宋。凡彼僞槧，不復援證。庶無據虛之失，免遺搏影之譏。辨注考文既竟，略依四部門類，分注存佚，條次於左：

經部

王廙周易注亡　本書引王廣注《易傳》一條。案王廣未詳何人，諸書所引易義亦無廣注。考《經典釋文敘錄》及《隋書經籍志》著錄諸家易注，有晉驃騎將軍王廙注。疑即此所謂注《易傳》者，而廣殆廙之譌字也。又案本書所引廣注云「果蓏者物之實」，當爲《說卦》爲果蓏句之注。其文與《易孔疏》引廙注《說卦》兌爲羊云「羊者順之畜」句法相似，謂之廙注蓋可信也。惟《晉書廙傳》云：「廙少能屬文，多所通涉，工書畫，善音樂射御博奕雜伎」，獨不詳其爲《易》注，是可疑也。且據《釋文敘錄》云廙注十二卷，又云《七志七錄》十卷，亦當爲通注經傳者。如《釋文易疏》歷引大有謙豫等卦及《繫辭說卦》諸篇之注，亦不祇爲《易傳》注也。以意度之，賈君稱引《易傳》，殆以《說卦》在十翼內，特爲分別言之歟。又案《北史儒林傳序》云：「江左《周易》則王輔嗣，河南青齊之間儒生多講王輔嗣所注《周易》」。似南朝易學惟傳輔嗣一家，而青齊踵襲江左之風也。然考梁劉孝標《世說新語注》，「《易》稱二人同心」句不用康伯而錄虞注，則在江左已以虞與輔嗣之注並行。今以賈君稱引虞注言之，青齊易學亦不專守輔嗣一家。《北史》云云蓋言江左學官所立，與夫青齊儒生之好尚耳，非謂其專宗輔嗣一家之學也（清儒輯虞注獨遺此條，蓋由未知廣即虞之譌字也）。

孔安國尚書傳存　本書引《尚書》二條。據卷十引《尚書》曰「楊州厥貢篠簜，荊州厥貢箘簵」，並注云「篠竹箘，簜大竹。箘簵皆美竹，出雲夢之澤」，爲約引《尚書禹貢》之文，其注與今孔《傳》同，當即用《孔氏古文尚書》也。然案《北齊書儒林傳序》云：「徐遵明受業於屯留王總，傳授浮陽李周仁，及渤海張文敬，及李鉉權會，並鄭康成所注，非古文也。下里諸生略不見孔氏注解，武平末河間劉光伯信都劉士元始得費甝《義疏》乃留意焉」。似元魏之世，北地學者惟傳鄭氏學，至高齊末始見孔氏古文。今以本書考之，賈君當東魏初年已見《孔傳》，實在二劉之前，孔氏古文蓋久行於青齊，至武平後乃盛行於北地，而爲唐初廢鄭用孔之由。以論青齊之學，自宋初杜坦兄弟爲青州刺史已傳《杜氏春秋》，儒生亦多講王輔嗣《周易注》。其爲通講南北，與河北諸儒專主鄭服者固異其趣也。夫青齊《易》《春秋》既用王杜注解，則孔氏古文同爲南學理當與之並行。而其自江左而青齊，由青齊而蔓延於北方，卒致廢墜鄭氏眞古文者，又可據賈君之引《孔傳》以補正史傳之闕誤矣。

鄭玄尚書大傳注亡　本書引《尚書大傳》二條，並注文一條。案《漢書藝文志尚書》有《傳》四十一篇，據宋《中興書目》引鄭玄《序》云「伏生爲秦博士，至孝文時，歐陽生張生從學焉。特撰大義，因經屬指，名之曰傳。劉子政校中書，凡四十一篇，玄銓次為八十三篇」。則《大傳》即《漢志》四十一篇之傳，而賈君所引亦鄭注之本也。又案《隋書經籍志》著錄鄭玄注《大傳》三卷，當即鄭《序》所謂銓次八十三篇之本。而據兩《唐志》俱稱三卷，則其書當唐末宋初猶未亡也。至陳振孫《直齋書錄解題》始題云四卷，今所行清盧見曾刊本亦作四卷。據盧云「此書元時尚存，前明未聞著錄，近始得之吳中藏書家」，及陳云「印板刓缺」與盧稱「多所殘闕」斷之，似盧刻即陳所著錄之本也。然考本書卷五引《大傳》天子諸侯必有公桑蠶室就川而為之云云與《毛詩瞻卬篇》鄭《箋》略同，當為鄭據《大傳》之說。據《詩》孔《疏》謂為《尚書夏傳文》，則盧本在第四卷《略說》中者，已非唐初所傳三卷之本。而據宋葉夢得謂「《大傳》以《金縢》作於周公歿後何可重據」之言，今盧本《金縢傳》無此說，則亦非宋世所傳四卷本之舊也。又案《唐書經籍志》著錄伏勝注《尚書暢訓》三卷，據《新唐書藝文志》云伏勝注《大傳》三卷，又《暢訓》一卷，似伏生原有《大傳暢訓》兩書，舊志誤合《大傳暢訓》為一，此宋世《大傳》所以有四卷之目歟。然據《玉海》別出書傳略說，而錄《大行人》《玉藻》《王制》《檀弓》及《公羊疏》所引略說，則又似其書久佚。今盧刻之本殆由後人撮拾成書，而以莫知所屬者歸之略說，致有誤涉《夏傳》之失歟。

周書存　本書引《周書》一條。其文云「神農之時天雨粟，神農遂耕而種之，作陶冶斤斧，為耒耜鉏耨，以墾草莽，然後五穀興助，百菓藏實」，然不見今本《逸周書》。案《漢書藝文志周書》七十一篇，及顏師古《注》云「今之存者四十五篇也」，則唐世所傳已非全書。今本存五十九篇，併《

序》一篇爲六十，視顏注多十五篇，較《漢志》所缺仍十有一。蓋自漢晉以降，歷有散佚。而賈君所引，殆即在諸佚篇中耶。又案漢儒馬融鄭玄蔡邕輩引《月令》《王會》諸解統稱《周書》，惟許慎《說文》始云《逸周書》。以漢經師稱學官所傳爲經，無師說者爲逸。如逸書逸禮之屬，皆古文而無師說者。則許之稱逸，當亦如是。蓋七十一篇之外非別有逸周書，而《逸周書》亦非其名之正也。

毛詩傳存　本書引《毛詩》二十八條，中有毛《傳》者十六條。其引經文稱「《詩》」，或云「《毛詩》」。《傳》稱「毛公」，或稱毛稱注。前後稱引，頗不一致。蓋魏晉以還，今文三家都廢，惟毛氏獨得其傳。雖以古文，例可稱詩。而傳則又後世之所謂注，不妨以注通之者也。其文與今本《毛詩傳》異者：《邶風簡兮》「山有榛」作蓁，《小雅南山有臺傳》「枸枳枸」作柜也。然以榛蓁枸柜古文相通，則亦無害於義。惟所引《齊風南山》篇稱爲衛詩殊爲不倫，疑其由後世傳抄致譌而非賈君援引之誤也。

毛詩注亡　本書引《毛詩注》一條，不著作者姓氏。其文見卷十《胡荾》條，云「《周南》曰采采卷耳，毛云苓耳也，注云胡荾也」。以傳注區畫分明，自非《毛傳》之文。考之鄭《箋》，亦無此釋。殆別一《毛詩注》也。案《隋書經籍》志著錄《毛詩注》存亡六家，鄭《箋》外，有馬融王肅謝沈江熙四家及崔靈恩集註。而據本書本條前引郭璞以胡荾通釋《廣雅》胡枲之文，及本書卷十所錄茱茹之屬皆非中國物產。則此胡枲之注當與郭氏相先後，而胡枲之爲江左物產亦無疑。然則今於王謝江崔四家之注，雖無從斷其誰屬。要其爲南學而青齊間治《毛詩》者不專守鄭氏一家，又可據此推而知之矣。

毛詩義疏亡　本書引《詩義疏》三十五條（或作詩疏，義疏。又有只稱疏，稱詩者，疑爲傳抄誤脱），不著作者姓名，其文則多與《詩》孔《疏》所引陸璣《疏》合。故清儒通以爲陸璣《疏》，而段玉裁云「賈氏引《草木蟲魚疏》皆謂之《詩義疏》」語尤明顯矣。今案陸德明《經典釋文敘錄》稱陸璣《毛詩草木鳥獸蟲魚疏》二卷，則亦專解《詩》草木鳥獸蟲魚之名者。雖賈君所引《詩義疏》之文，不出草木之外。然以義疏之作，起自六朝，乃通解全經，兼釋傳義。陸《疏》二卷，時且在前，似未可即被以義疏之名也。復案《隋書經籍志》著錄《毛詩義疏》：有舒援二十卷，沈重二十八卷，及不著姓名者五家。《志》又云梁有張氏五卷亡。併計存亡，已具八家。則賈君所引《詩義疏》自應屬諸《毛詩義疏》，而不可謂之陸《疏》矣。況據本書卷十鬱條引《豳詩義疏》考之：其文與《詩》孔《疏》所引劉稹（案作楨）《毛詩義問》合。而以孔之引劉不及陸疏，亦足見陸《疏》本無此文（今本陸《疏》，則有此文。案前人所考今本陸《疏衛風》椅桐梓漆條中雲南牂牁人之言，以雲南於唐武德四年升爲大郡，斷其以牂牁屬雲南爲出後人之證。今據《初學記》卷二十八桐下引《詩義疏》，其文與今本陸《疏》此條同。知其爲唐武德以後人所著《詩義疏》之語，而今本陸《疏》爲由後人採撮爲之，已屬無疑。然則此條既誤涉唐人《義疏》，其他當亦不足爲據矣）。則《詩義疏》之非陸《疏》，不尤具有顯證乎。蓋五經義疏之作，原爲申發傳注，雖時下己意亦多引用前儒遺說，固不嫌其採撮舊文也。故謂賈君所引《義疏》之說，原出陸《疏》，本無不可。若以《詩義疏》即《草木蟲魚疏》則未免昧於考索矣。又案《隋志》著錄存亡八家：張《

疏》著於《七錄》，當在賈君之前。沈重梁人，身復入魏，歷周而隋，固與之相先後。舒援，孔《疏序》云舒瑗，次於何胤之後，殆亦齊梁間人。其無名氏五家，雖弗可考。要之：賈君所引，當不出此數家之外也。

韓詩外傳存　本書引《韓詩外傳》一條。案《漢書藝文志韓外傳》六卷，《隋書經籍志》作十卷。今本《外傳》卷數與《隋志》合，視《漢志》較多四卷。說者以古書流傳後世，篇卷有散逸，無溢出之理，疑其非漢時之舊。又以唐宋人引《外傳》文，多不見於今本，疑其爲坊刻鈔集之書僞爲之者（見《惜抱軒筆記》）。然《漢志》著錄《韓詩》，有《韓故》三十六卷，《內傳》四卷，《韓說》四十一卷。與《外傳》共四種，八十七卷。《隋志》惟存《外傳》十卷。則其書久經散佚，而十卷之本，殆爲撮拾諸傳說之遺以成之者也。若夫唐人所引《外傳》，時涉薛氏《韓詩章句》。宋修《太平御覽》，亦多襲用古之類書。已不足以定今本之眞僞。而其引《詩》與《經典釋文》及《詩考》所錄《韓詩》異文弗合者，不過爲明人据毛詩所改，亦難据謂抄集僞作之書。且今本既合《隋志》十卷之目，而以本書所引《外傳》見於第七卷中，則魏晉以降流行之本，業已如此。而其爲摭合遺傳遺說以成書，亦可用釋溢出之疑矣。

鄭玄周禮注存　本書引《周禮》經注共八條，除卷五引《夏官》《司馬》一稱《周禮》外，餘條均曰《周官》。案《漢書藝文志》云「《周官》經六篇」，其云經者對四篇之傳而言。《周官》自是六篇之名，而稱《周禮》者非名之正也。說者或據《漢志周官》目下班氏自注云「王莽時劉歆置博士」，及荀悅《漢紀》曰「劉歆奏請《周官》六篇列之於經爲《周禮》」，與《漢書》《王莽傳》及《食貨志》所載莽奏與臣下詔議章奏曰周禮，而史文曰《周官》，以爲《周禮》之名起於王莽劉歆。或據賈公彥序《周禮》興廢引鄭玄《序》云「作《周禮解詁》」，又謂其名始於鄭玄。然考《隋書經籍志》著錄《周官》注疏，馬融以下至梁世沈重等十四家，統稱曰《周官禮》。則上起東京，下至六朝尚無《周禮》之名也。以意推之：蓋六篇之書，原名《周官》。以伏藏中秘，未顯於世。至劉歆請置博士，躋列於禮經，始爲世儒傳誦，而有《周官禮》之稱。方諸禮經，之稱大小《戴禮》，殆爲近之。然則鄭《序》謂《周官》爲《周禮》，特《周官禮》之省稱耳，非其名之正也。至若賈君引經，本依鄭《注》，自宜遵用《周官》之名，不得省稱《周禮》。而此偶一見者，其爲抄胥習聞《周禮》之俗稱而致誤者，蓋無疑矣。

鄭玄禮記注存　本書引《禮記》並鄭《注》十條，除一引《內則》外，餘條均爲《月令》文。其引《月令》，與今本《禮記》之文，頗有異同。如卷二引《月令》季夏之月大雨時行句鄭《注》云：「薙氏掌殺草：春草生而萌之，夏日至而夷之，秋繩而芟之，冬日至而耜之，若欲其化也，則以水火變之」。爲鄭引《周官薙氏》之文，以申月令「燒薙行水利以殺草」之義者。今本《禮記注》作「薙人掌殺草職，曰夏日至而薙之，又曰如其化也，則以水火變之」，則爲約舉之文。至其省刪春及秋冬三句，以應《月令》之季夏，固屬切合。然一爲《周官》原文，一爲約舉其義。其在注例，兩俱可通。孰爲鄭氏原本，殊難以定，第據卷四引仲夏羞以含桃《鄭注》云「今謂之櫻桃」，今《禮記注》作「含桃櫻桃」。及卷五引孟春禁止伐木鄭《注》云「爲盛德所在也」，今《禮記注》無「也」字。似賈君所見爲鄭《注》原文，今《禮記注》爲後世寫錄省删之本（古本多省删注中虛字，如此二條者，蓋不勝枚舉。今傳世唐卷，猶可覆案也）。雖賈君引書，頗多今字。然如卷六引仲夏縶騰駒，今《禮記》縶字作執。雖字有今古之異，而據《釋文》云「蔡本作縶」，則亦河北江左通行之本也。又卷一引季冬之月命田官告人出五種（人當作民，此唐世避太宗諱所改）。今《禮》記無「田官」二字。據鄭《注》「而令田官告民出五種」，及孔《疏》「故令此典農之官出五種之物」，似原本有此「田官」二字。唐初作《疏》時，其本尚具。而今脫者，殆由後人據《呂覽淮南》而點滅之耶（案《月令》本文，上云命漁師始漁，次云命農計耦耕事，云命樂師大合吹而罷，則此命下當以有田官二字者爲是）。

大戴禮記存　本書引《大戴禮記》二條。卷四引《大戴禮夏小正》曰：「八月，粟零，而後取之，故不言剝之」。今本《大戴禮記夏小正》篇八月下云：「粟零。零也者，降也。零而後取之，故不言剝也」。其文不同者，此爲賈君通引經傳而約舉之文也。說者或據《隋書經籍志》於著錄《大戴禮記》十三卷外（案此即今所行盧辯注本），別出《夏小正》一卷注云「戴德撰」。謂《大戴禮》舊本，但有《夏小正》之文，而無其傳。戴德爲之作傳別行，遂自爲一卷。後盧辯作注，始採其傳，編入書中。然考《北史盧辯傳》云：「正光初，舉秀才，爲太學博士，以《大戴禮》未有解詁，乃注之」。推其時世，本與賈君相先後。而以賈君身居東魏，辯隨孝武入關。東西兩魏，各不相謀。辯注雖行於時，賈君未必即見其書，見亦未必即據其本。則據賈君通引經傳，已足證《大戴》傳合於經。況《儀禮喪服》篇，經傳合編，已有先例。《管子弟子職》，裁篇別出，遠承《漢志》。距可因《隋志》別出一卷之書，而謂《大戴禮》中無其傳耶。若謂《志》稱載德撰爲其作傳之證，則此亦襲其書之舊題耳。彼《大戴》十三卷，《志》稱「漢信都王太傅戴德撰」者，豈非《夏小正》裁取《大戴》別行之顯證乎。是知淺人多瞽說，不足與言考古論事也。又案卷十蒿條引《禮外篇》曰「周時德澤洽和，蒿茂大，以爲宮柱，名曰蒿宮」，其文見今本《大戴禮記明堂》篇（原合《盛德》爲一篇）。不曰《明堂》，而稱「外篇」，亦足證其與盧注之本異也。然考《隋志》所稱：「河間獻王又得仲尼弟子及後學所記一百三十一篇獻之。至劉向考校經籍，檢得一百三十篇，向因第而敘之。而又得《明堂陰陽記》三十三篇，《孔子三朝記》七篇，《王氏史氏記》二十一篇，《樂記》二十三篇，凡五種，合二百十四篇。戴德刪其煩重，合而記之，爲八十五篇，謂之《大戴記》。而戴聖又刪大戴之書，爲四十六篇，謂之《小戴記》。漢末馬融又足《月令》一篇《明堂位》一篇《樂記》一篇爲四十九篇」（此本晉陳邵《周禮論序》之說而衍者，以其較詳引之，《志》增融足三篇之說非實）。則大小《戴禮》爲合五家之記刪煩而成，其書固不盡屬百三十一篇之《記》也。復案鄭玄《三禮目錄》記《小戴》諸篇於《別錄》所屬：有通論，制度，子法，吉禮（即吉事），凶禮，喪服（亦云喪禮），祭祀，及樂記，明堂陰陽九目。知《別錄》之二百四篇《古文記》，篇名之外復有類屬之目。而據《漢書藝文志》所著錄：禮有《明堂陰陽》三十三篇，樂有《樂記》二十三篇。則《目錄》所列《別錄》二目，顯係依此兩書起號。意而言之：二百四篇之《古文記》，當由劉向併合五家爲之。而其校除復重，類次相屬，各起名號，刱此九目者。援諸《尚書》之分唐虞三代書，《毛詩》之列風雅頌，固有先儒舊例可言。證以《國策》之以國別，《管子》之題經言，亦是劉氏編校新書之條例也。然則據賈君引《明堂》之稱「外篇」，與明堂之說出於《明堂陰陽》，已可考見大戴刪合五家爲書必有其類屬之目。以明堂爲禮家別傳之學，與其事爲元封諸儒所弗悉，亦足推知《明堂》不在孔壁所出百三十一篇故《記》之內。而其以《明堂》爲「外篇」，則諸在《記》中者亦必謂之「內篇」矣。

杜預左氏春秋集解存　本書引《左傳》二條。據卷十引《春秋傳》曰「僖公三十年，使周閱來聘，饗有昌歜」，《杜預》曰「昌蒲葅也」，知即用杜預《左氏集解》也。案《魏書儒林傳序》云：「晉世杜預注《左氏》，預玄孫坦，坦弟驥，於劉義隆世，並爲青州刺史，傳其家業，故齊地多習之」。考驥督青州，在宋文帝元嘉十七年。坦代驥爲刺史，在二十四年。則以坦驥清才，連鑣一州，貴門世族，並負時譽。而謂杜氏學行青齊，爲由二杜傳其家業，實不爲無見。然考魏孝文時：中山張吾貴講左氏學，兼讀杜服，隱括兩家，異同悉舉。范陽酈道元作《水經注》，掇籍釋地，時據杜注，考辯今古。則杜注行於北地，三數十年間，已遠及燕趙，固不限於齊地也。以言青齊：則益都賈思伯授莊帝《杜氏春秋》，其弟思同復授靜帝《杜氏春秋》，亦一時之彥也。而思同治學尤精，嘗與衛冀隆爲杜服短長之辯。思同卒後，樂陵秦道靜復與姚文安追述思同，爲持杜氏長義。則謂齊地多習杜氏學者，殆又由思伯兄弟以張其軍者也。然則考賈君之身世，當與二賈同宗。辨《左氏》之杜注，亦知有所從授矣。又案賈君《自序》引《傳》曰「人生在勤」句，今本《左傳》人字作民。蓋是書行於唐世，因避太宗諱，改作《齊人要術》，而書中民字亦通避作人。至宋館閣校理是書乃改復原名，而於書中唐諱避改之字或復或不復者，則亦館臣校勘之疏，非關賈君引書之異文也。

孝經存　本書引《孝經》二條，俱在卷首《自序》。一引《孝經》曰「用天之道，因地之利，謹身節用，以養父母」。今行世唐玄宗法本「因地之利」句因字作分。據玄宗注云「分別五土，視其高下，此分地利也」。及邢昺疏云「玄宗此注，分別五土依鄭注，此分地利依孔傳」，似孔鄭二本經文亦作分字。然考《隋書經籍志》稱孔安國《古文尚書傳》亡於梁亂，隋祕書監王劭於京師訪得，送至河間劉炫，因講於人間，儒者皆云炫自作之，非孔舊本。則唐世所傳孔本，固不足盡據也。鄭《注》相傳鄭玄所撰，據《魏書儒林傳序》稱鄭注《孝經》大行《河北》，獨於青齊祖述未詳。今以賈君所引考之，殆非鄭注之本。蓋鄭注《孝經》弗載《鄭志》，立義與玄他注不同，世儒亦多疑之。而以用天因地文自可通，分別五土轉致費解。則賈君擯而弗用，亦必有見矣。又引孔子曰「居家理治可移於官」，即《孝經》君子事親章文也。今本理下有《故》字，據《疏》謂先儒以爲居家理下闕一「故」字，御注加之。則孔鄭二本均無「故」字，與賈君見本同。清儒據《金樓子立言篇》，梁徐勉戒子書，隋李諤上書所引「居家理治」句，及《經典釋文》讀「居家理故治」爲句（此故字爲後人增衍），以證《孝經》原本無「故」字。今以本書證之，益可信矣。

論語存　本書引《論語》三條，俱在卷首《自序》。其文，與今行世何晏《集解》本同。案《北史》《儒林傳序》謂《論語》《孝經》諸學徒莫不通講，不言南北所爲章句好尙，無以定賈君據用之本。惟以所引《尚書》《左傳》之用孔《傳》杜《注》均爲南學，疑其於《論語》亦取之何氏《集解》也。

犍爲舍人爾雅注亡　本書引犍爲舍人《爾雅注》三條。案犍爲《注》，諸家所引，或稱舍人（本書，陸德明《經典釋文》，孔穎達《正義》，李善《文選注》），或稱文學（陸璣《詩疏》，《隋書經籍志》）。據《經典釋文敘錄》謂「一云犍爲郡文學卒史臣舍人」，則其人原官犍爲郡文學卒史，內遷舍人，乃由百石晉爲二百石官者。注家省稱，遂致歧異。其姓名未詳。據李善《文選注》（羽獵賦）引郭舍人《爾雅注》，及《釋文敘錄》稱漢武帝待詔，僅知其爲郭姓，武帝時人。然考武帝時郭舍人，如《史記》《漢書》《西京雜記》《三秦記》諸書所記，乃幸倡而善投壺者。雖云能詩，不言其通小學也。或據《西京雜記》郭威疑《爾雅》非周公之制，謂即其人。然威非舍人且與揚雄同時，亦不得謂爲武帝時待詔也。清黃奭嘗據任昉《述異記》祝穆《方輿勝覽》王象之《輿地碑記》郭子章《郡縣解記》諸書，斷爲犍爲郡人。按犍爲益地，益自文翁爲蜀郡守選遣郡縣小吏，肄業京師，蜀吏已多才藝。司馬相如東受七經，撰作《凡將》，蜀士之通經與小學亦有明徵。則以犍爲蜀郡，相去匪遙。終軍豹文，《爾雅》已顯。而謂舍人爲犍爲郡人，學成還歸，補郡文學，待詔京師，官居舍人。其說蓋可信矣。然則注家之稱犍爲文學乃其郡職，犍爲舍人爲舉地望，固可並行而不倍也。又按《隋書經籍志》云梁有犍爲《文學注》三卷亡，《釋文》《敘錄》云犍爲《文學注》二卷，闕中卷。則舍人《注》原分上中下三卷，至陸德明時已佚中卷。而《隋志》云梁有者。皆據阮孝緒《七錄》言之。考阮著《七錄》在梁武帝普通中，陸撰《釋文》在陳後主至德初，前後相去不過六十年。中卷之亡，當在周師入郢，梁元焚書之後。以賈君身居東魏，時尚在前，或猶見其全帙。而據本書所引三條考之：卷一耕田引斫斸謂之定云云爲中卷《釋器》文，卷二粱秫引虋赤苗也云云及卷十薺引菥蓂大薺也云云爲下卷《釋草》文，尤足證其爲三卷之全書也。至《隋志》之所著錄，皆唐貞觀修志時見存之書。其云亡者，殆又在隋及唐初矣。

樊光爾雅注亡　本書引樊光《爾雅注》一條。案光後漢京兆人，官中散大夫，見陸德明《經典釋文敘錄》。光《注》，《隋書經籍志》作三卷，《釋文敘錄》云六卷，殆亦卷帙分合之異也。《敘錄》又云「沈璇疑非光《注》」。案璇亦作旋，爲梁沈約子。《隋志》云《集注爾雅》十卷（《南史》本傳云「《集注邇言》行於世」，蓋緣沈約《邇言》而訛也），梁黃門郎沈琁注，琁亦璇也。據《梁書沈約傳》，「旋免約喪，爲太子僕，復以母憂去官，服除，爲給事黃門侍郎」。疑《隋志》云黃門郎，即黃門侍郎之訛。而陸引沈說，殆即出自旋《注》。然考約卒於梁武帝天監十二年，旋《注》題稱黃門侍郎，則書成當在其後，時固與賈君相先後也。至謂旋疑非光注，當別有說。惜《釋文敘錄》未詳，無可考辨。第據諸疏所引光《注》，或稱樊光，或稱某氏，則旋亦未能定其主名。而本書稱引光《注》，弗從旋說，殆旋集注與賈君同時，尚未遠行於北地歟。

孫炎爾雅注亡　本書引孫炎《爾雅》注九條。案炎字叔然。據《三國志》《王肅傳》云：「時樂安孫叔然授學鄭玄之門人，稱東州大儒，徵爲秘書監，不就。肅集《聖證論》以譏短玄，叔然駁而釋之。作《周易》《春秋例》《毛詩》《禮記》《三傳》國語》《爾雅》諸注」。則炎爲鄭玄再傳弟子，其駁肅難要亦爲申鄭氏學者也。唯玄注羣經，《詩禮》已有箋注。炎守鄭學，何以復別爲注，殊所未明。以意言之：殆炎以王肅《毛詩》問駁，《聖證》論難，爲詰鄭義。特廣玄注，以釋肅難歟。然炎注諸經見於著錄者，惟《禮記爾雅》兩書，而《雅注》最行於世。據《經典釋文敘錄》云「《爾雅注》三卷，爾雅音一卷」，則音注別行各自爲書者也。而《隋書經籍志》云炎《注》七卷而弗著其《音》者，殆分《注》三卷各爲上下並合《音》一卷而爲七也。《唐書經籍志》云六卷者，殆又散析其音以附注下者歟。又案《宋史藝文志》已無炎《注》，而別有孫炎《疏》十卷。據邢昺《疏序》云：「其爲義疏者，俗間有孫炎高璉，淺近俗儒，不經師匠」，當即其書。然謂「俗儒不經師匠」，似非叔然之作。其書弗見《隋志》著錄，亦應出諸唐人之手。蓋炎《注》亡於唐季五代間，《疏》以摭《注》獨詳遂致誤署炎名。而邢《疏》之引炎《注》，殆亦據自孫《疏》也。以本書所引諸條考之，其見於邢《疏》著僅三條。除卷五引孫炎曰「初生竹謂之箭」句與邢《疏》作「竹初萌生謂之箭」微異外，餘則盡同。

郭璞爾雅注存　本書引郭璞《爾雅注》凡六十六條。其文與今本《爾雅注》頗有異同，亦間有足以補正今本譌脫者。如卷一《種穀》引粢稷注云「今江東呼稷爲粢」句，今注本「稷」作「粟」。案犍爲舍人孫炎注云「稷粟也」，則以粟釋稷，蓋爲漢魏間通俗言也。此注稷粟異文，雖可兩存。然璞注文，本以釋粢。則當順隨經文，以稷爲是（明本已據今《爾雅注》改稷爲粟）。卷二《黍穄》引秬秠注云「秠亦黑黍，但中米異耳」句，今注本「秠」作「此」。按「秠亦黑黍」爲對上文秬黑黍言之，今作「此」誤矣。此皆今本《爾雖注》之譌字可據以訂正者。又卷十《承露》引菼葵注云「承露也，大莖小葉，花紫黃色，實可食」句，今注本無「實可食」三字。《薺》引茢蕒注云「似薺葉細，俗呼老薺」句，今注本無「似」字。今按文義，均當有之。此皆今本《爾雅注》之脫文可據以校補者。蓋賈君所見璞《注》猶是善本，非若今本《爾雅注》曾經後人刪改者也（又案卷三《蕪菁》引《爾雅》曰「蘋葑蓯，江東呼爲蕪菁，或爲菘，菘蘋音相近，蘋則蕪菁」，案「江東」以下文當爲注語。據《太平御覽》九百七十九卷《蕪菁》條引《爾雅》此文並注云「音總」又云「須未聞，江東呼蕪菁爲菘，菘須音相近故也，須即蕪菁也」。則原注有音且有「須未聞」三字。本書江東呼爲蕪菁或爲菘句殆衍一爲字。注出何人，本書《御覽》均未明著姓氏。今案賈君引《爾雅注》，止於景純。景純之注《爾雅》，多用江東語以通經義。此因蘋菘音近，釋爲蕪菁，正是其例。又《釋草》「須葑蓯」下郭注未詳，亦與《御覽》引《注》云「未聞」合。今郭《注》無此文，疑即郭氏遺說。據《晉書》璞本傳云「注釋《爾雅》，別爲《音義圖譜》」。則景純別有音義一書，當即《隋志》云梁有《爾雅音》二卷孫炎郭璞撰者。以原名音義，當兼音與義而言。蓋以注釋未詳之疑義，故不以入本注，而別與音合而爲書。其書梁世尚存，固爲賈君所得見者也）。

小爾雅（存）　本書引《小爾雅》一條。案《漢書》《藝文志》《小爾雅》一篇，《隋書》《經籍志》李軌注《小爾雅》一卷，當即賈君所據者也。今傳世者，在《孔叢子》書內，並無別行之本。說者或謂《漢志》一篇，即自《孔叢》裁篇別行。或謂後人僞造《孔叢》，採之以入其書。按諸《漢志》著錄《小爾雅》而《諸子略》不列《孔叢》，與應劭注稱《弟子職》在《管子書》而不及《小爾雅》，自以後說爲是。證以賈君引《小爾雅》曰「彘豬也，其子曰豚，一歲曰豵」之文，今本《孔叢子》《小爾雅》篇「一歲曰豵」句作「豕之大者謂之豣，小者謂之豵」。則賈君所見別行之本固與《孔叢》攸異，其不自《孔叢》析篇而出亦可明矣。或因李善《文選注》引《小爾雅》作《小雅》，與宋祁校《漢書》本小下無「爾」字。而謂此書依附《爾雅》而作故名《小雅》，及《孔叢》僞竄成書始增「爾」字以稱《小爾雅》。然考李軌《略解》之本，已具「爾」字。郭璞《方言》之注，稱引亦同。則自晉以來，已無異稱。證以本書，斯言益信。詎可因《漢書》異文，李善別稱，而謂其由《孔叢》僞撰之所增竄也哉。

張揖廣雅存　本書引《廣雅》十六條。文與今本《廣雅》有異同，亦有足以補正今本譌脫者。如卷十引「菰蔣也，其米謂之雕胡」，今本《廣雅》無雕字。案《說文》苽下云「雕苽」，雕胡即雕苽也。今本脫雕字，則不可解矣。卷二引「小麥䅘也」，今本《廣雅》䅘字作麳，案來本來牟之來，以其假爲往來之來，故別造从禾來聲之䅘字。麥本往來之來，字从夊來聲。假爲來牟，故牟亦从麥牟聲作麰。後世又以牟字作麰，因亦改徠作麳。然麥已从來聲，麳又从來爲聲。不惟疊牀架屋，實亦不合六書之例。況以《說文》無麳字，尤足證其爲俗體而賈君所引爲原文也。唯賈君引書，亦間有省刪原句與移置前後者。如卷二引「渠芋，其葉謂之萩。藉姑水芋也，亦曰烏芋」句。卷十引「枲耳也，亦云胡枲」句。今本《廣雅》作「葃菇水芋烏芋也，苓耳葹常枲胡枲枲耳也」。無亦云亦曰字，皆賈君移置增加者也。蓋賈君於芋條並引渠與藉姑之文，而以藉姑生水田中，水芋之名易於取別，故下增亦曰字斷之。胡葈條因其下引郭璞釋胡枲爲胡葈之文，故移胡枲於枲耳下而增亦云二字別之。清王念孫《廣雅疏證》乃以《廣雅》之文無言亦曰者，譏其誤引未免過矣。

郭璞方言注存　本書引方言二條，中有郭注一條。其字與今本《方言》異者：卷三引「蘇之小者謂之穰葇」句（蘇之二字乃賈君改易原句以就本書，非異文也），卷十引「北燕謂之葰」句，今本《方言》「穰」字作𧃝，「葰」字作蔆。案《廣雅》云「公蕡穰葇萫荏蘇也」爲出《方言》，又《玉篇》引《方言》云「葰芡雞頭也北燕謂之葰」，則皆與賈君所引同。固魏晉以來相傳之本也。今本《方言》「葰」字作蔆，似爲後人據《周禮》「籩人加豆之實蔆芡蕖脯」句所改，而「穰」之作𧃝當亦不足爲據。惟本書葰下有音役二字，其爲舊音抑出賈君，則無從考矣。

劉熙釋名存　本書引劉熙《釋名》三條。其文與今本《釋名》異者：卷一引「耨似鋤嫗耨禾也」句，今本釋名「似」字作以。案此《釋用器》文：「似鋤」釋其器形，「嫗耨禾」乃釋名耨之義。若作「以鋤嫗耨」，則非用器矣。又卷四引「杏可以爲油」句，今本《釋名》無此文。案此當爲賈君據《釋飲食》柰油條而爲之說者。蓋《釋名》原文云：「柰油，擣柰實，和以塗繒上，燥而發之，形似油也，杏油亦如之」。謂「杏油亦如之」者：言其擣實塗繒燥發而成，一如作柰油之法也。賈君爲避繁詞稱引，故亦不著原文。而言「《釋名》曰杏可爲油」者，猶謂《釋名》有是說也。今本《釋名》誤「杏油」作奈油，遂致上下重沓費解。然則賈君所引，雖非原文，亦可據正今本《釋名》之誤字矣。

三倉亡　本書引《三倉》一條。案《隋書經籍志》著錄《三蒼》三卷，並注云「秦相李斯作《蒼頡篇》，漢楊雄作《訓纂篇》，後漢郎中賈訪作《滂喜篇》，故曰《三蒼》」。則《三倉》乃合《倉頡》《訓纂》《滂喜》三篇而爲書者也。然考《漢書藝文志》云：「蒼頡七章者，秦丞相李斯所作也。《爰歷》六章者，車府令趙高所作也。《博學》七章者，太史令胡母敬所作也。漢興，閭里書師合《蒼頡》《爰歷》《博學》三篇，斷六十字以爲一章。凡五十五章，並爲《蒼頡篇》」庾元威論書曰：「李斯造《蒼頡》，趙高作《爰歷》，胡母敬作《博學》，後人分五十五章，爲《三蒼》上卷」。則《三倉》中之《倉頡篇》當即漢人并合三篇之本（即楊雄刪定者），而《隋志》云李斯作者誤矣。又案庾云「至哀帝元嘉中（當中平帝元始中）揚子雲作《訓纂》，記滂喜爲中卷（記讀訖，下同）。和帝永元中賈升郎更續，記彥均爲下卷。皆是記字，字出衙人，故人稱爲三蒼也」。以字出衙人，因稱三蒼，義殊弗了。據《漢志》云「元始中徵天下通小學者以百數，各令記字於庭中，揚雄取其有用者作《訓纂》，又易《蒼頡》中重復之字（此《蒼頡》即漢閭里書師并合之本。蓋合李斯趙高胡母敬三家爲書，故不免有重復之字。至《三蒼》之《蒼頡篇》當即楊雄更定之本而非其舊也），凡八十九章（此合《蒼頡訓纂》而言，去《蒼頡》五十五章，則《訓纂》當得三十四）。臣復續揚雄，作十三章，凡一百二章（殿本作一百三章，此據景祐本），無復字」。與張懷瓘《書斷》云：「揚雄作《訓纂篇》二十四章（當云三十四），以纂續《蒼頡》也。孟堅乃復續十三章，和帝永初中（當作永元）賈魴又撰異字，取固所續而廣之，爲三十四章，凡一百二十三章」。則《訓纂》《滂喜》二篇，原續《倉頡》而作。若依漢人合《倉頡》《爰歷》《博學》而號《倉頡》之例，則此三篇亦可沿稱《倉頡》。而據《漢志》「臣復續《揚雄》十三章」注引韋昭曰「臣，班固自謂也，作十三章後人不別，疑在《蒼頡》下篇三十四章中」。則昭所見三篇之本，其名正作《蒼頡》。蓋魴廣固所續而成《滂喜篇》，故後人於固所續十三章遂不能別也。

倉頡解詁亡　本書引《倉頡解詁》一條，不著撰者名氏。案《隋書經籍志》著錄《三蒼》三卷，注云「郭璞注」。又云「梁有《蒼頡》二卷，後漢杜林注，亡」。則六朝相傳《蒼》注，原有杜郭二家。雖杜林三卷之注，《隋志》稱其亡於梁末。然考諸唐宋類書及注疏所引，尚有《三蒼解詁》與《蒼頡解詁》兩書。以李善《文選注》之引《蒼頡解詁》弗著姓名，與引郭注之稱「郭璞《三蒼解詁》」。則《隋志三蒼》三卷當即《三蒼解詁》，而《蒼頡解詁》殆亦所謂杜注之《蒼頡》二卷者矣。又案杜《注》二卷：據《漢書》《藝文志》所著錄，有杜林《蒼頡訓纂》一篇，杜林《蒼頡故》一篇。《蒼頡故》，即班氏所謂《蒼頡》多古字杜林爲作訓者也。《蒼頡訓纂》：據《志》所著錄，別有揚雄《蒼頡訓纂》一篇。又有訓纂一篇，注云「揚雄作」。考雄作《訓纂》，原續《蒼頡》。因其爲順續而作，故名《蒼頡訓纂》。訓之言順也，纂之言猶作也。蓋《訓纂》之與《蒼頡訓纂》，特以省稱見異，原非兩書也。班氏弗悟《七略》所載《訓纂》即世所行揚雄《蒼頡訓纂》，遂摭以入《志》可謂陋矣（案《志》云「凡小學十家，三十五篇」。又注云「入揚雄杜林二家，二篇」。十家三十五篇者：其九家，爲《史籀》十五篇，《蒼頡》一篇，《凡將》一篇，《急就》一篇，《元尚》一篇，《訓纂》一篇，《別字》十三篇，《蒼頡傳》一篇，杜林《蒼頡故》一篇。而八體六技爲一家，則不以篇計者也）。由是言之：杜林爲《蒼頡》作訓。即《七略》著錄之《蒼頡故》一篇。嗣復爲《訓纂》作解，即班氏所入《蒼頡訓纂》一篇者也。蓋杜始作訓，依篇別行，各自爲書。迨及後世，併合成帙，遂傳二卷之注。據韋昭所見，三篇合纂，猶云《蒼頡》。則《杜注》兩卷，襲稱初名，固亦宜也。然考《顏氏家訓音辭篇》云「《蒼頡訓詁》反稗爲逋賣，反娃爲於乖」。及《唐書經籍志》著錄《蒼頡訓詁》二卷並注云「杜林撰」。則杜《注》亦名《訓詁》，而顏所見當即《隋志》云梁有二卷之本，善引《解詁》亦即《唐志訓詁》之篇。蓋顏初仕梁，江陵沒後，入周奔齊，固與賈君相先後，宜其兩見南北所傳之本。而《隋志》所錄皆武德間見存之書，與《唐志》二卷爲貞觀中廣購復出之逸書，則又無疑也。

史游急就篇存　本書引史游《急就篇》二條。案《漢書藝文志》著錄《急就》一篇，並注云「元帝時黃門令史游作」。則原名《急就》，連篇而稱《急就篇》，猶《蒼頡》之稱《蒼頡篇》也。然《隋書》《經籍志》云「《急就章》」，稱謂特異。考厥由來，亦復甚遠。如《魏書》《崔浩傳》載浩上《五寅元曆表》，已云「太宗即位敕臣解《急就章》」矣。然《蒼頡》分章，斷字六十。《急就》一篇，文至數百，似未可以章言也。說者或謂漢魏以來書《急就》者通以章草，故名《急就》以章。或謂章草原出《急就章》，遂就「章」以名章草。亦屬臆說，無可證也。今行世者：有王應麟校宋太宗本，及補注顏師古注本。取校本書卷一所引「園菜果蓏助米粮」句，與宋太宗本同，而顏本粮字作糧。雖粮字不見說文，然考宋太宗本原出鍾繇，粮字歷見漢碑，則亦漢魏以來相傳之本也。又卷九引「餓飴餳」句，「餓」下有「生偘反」三字，未詳其爲何人音。按《魏書劉芳傳》云「芳音義明辯，撰《急就篇續注》《音義證》三卷」，其即出於芳之《音義證》歟。

許愼說文解字存　本書引《說文》二十八條。其文與今本異者：卷六引「鵝鶩野鵝也」，今本《

說文》無野字。案《爾雅釋鳥》云「鵅鶅鵝」，似許本《爾雅》爲說。然顧野王《玉篇》本諸《說文》，已云「鵅鶅野鵝」。郭璞注《爾雅》，亦云「今之野鵝也」。則許書本文當作野鵝，而今本脫一野字也。卷十引「柚條也，似橙實酢」，今本「實」字作而。據郭注《爾雅》木柚云「似橙實酢」，則賈君所引當屬原文。今作「而」者，蓋後人誤改也。又卷一引「在木曰果，在草曰蓏」，今本「草」字作地。以蓏从草，自以在草爲宜。今作「地」者，殆後人誤據《淮南》許《注》所改也。然賈君所引，亦有改易《說文》本字者。如卷一引「耜耒端木也，耰摩田器」，今本《說文》「耜」作枱，「耰」作櫌，均隸木部。蓋《要術》之作，原以曉示家童。故文取通俗易曉之字，而不盡依《說文》正體也。

呂忱字林〧　本書引《字林》者八，共二十八條，中附音切者十五條。案《隋書》《經籍志》著錄《字林》七卷，注云「晉弦令呂忱撰」。又《魏書》《江式傳》載式延昌三年三月上表云：「晉世義陽王典祠令呂忱表上《字林》六卷」。考之《晉書》《安平王孚傳》：孚子望，武帝受禪，封義陽王，泰始七年卒，孫奇襲爵，太康元年貶，以洪子威嗣。惠帝永寧元年威以罪誅，復奇爲棘陽王。則義陽自永寧以後降封棘陽，而忱之典祠義陽當在晉初矣。弦當作嵫，屬東萊郡。忱爲嵫令，蓋又在典祠之後也。又案唐張懷瓘《書斷》云「忱字伯雍」，其職官名字可考者亦僅此而已。忱著《字林》：據江式《表》云「尋其況趣，附託許氏《說文》，而案偶章句，隱別古籀奇惑之字，文得正隸，不差篆意」，蓋繼《說文》補其漏略而作者也。卷數：式《表》《隋志》所記，則有一卷之差。疑原書本作六卷，後併目一卷爲七。如呂靜《韻集》：表稱五卷，志載六卷，即其證也。本書附載音切十五條，其爲原書所有，抑爲賈君所加，今弗可考。《隋志》別有宋揚州都護吳恭撰《字林音義》五卷，或即出於吳恭之作，然亦莫能定也。

李登聲類ㄜ　本書引《聲類》一條。案《隋書》《經籍志》著錄《聲類》十卷，注云「魏左校令李登撰」。其里字未詳。考左校令，漢官屬將作大匠，魏世併於材屬少府。則登爲左校令當在未併時，而爲魏初人矣。登著《聲類》：據《魏書》《江式傳》式《表》云：「呂忱弟靜別放故左校令李登《聲類》之法作《韻集》五卷，宮商角徵羽各爲一篇」。則《聲類》以五音分類，而爲書十卷者殆類各具二篇歟。

何承天纂文ㄜ　本書引《纂文》一條。案《隋書》《經籍志》云「梁有《纂文》三卷，亡」。《唐書》《經籍志》復見著錄，並注云「何承天撰」。蓋亦亡於梁末，至唐世徵書而復出者也。據《宋書》《何承天傳》云「承天東海郯人。先是《禮論》有八百卷，承天刪減并合，以類相從，凡爲三百卷。并前傳雜論纂文論，並傳於世」。纂文論即《纂文》三卷也，然語頗費解。案《南史本傳》云：「并前論雜記所纂文及文集並行於世」。蓋謂承天并合前論雜記而著《纂文》，《宋書》《南史》之文互有脫衍也。又案《梁書》《劉杳傳》云：「約又云何承天《纂文》奇博，其書載張仲師及長頸王事」。據杳謂仲師出《論衡》，長頸見《扶南以南記》。則《纂文》信爲并合前論雜記以爲書者矣。

鄭玄尙書緯注ㄜ　本書引《尙書》《考靈曜》二條，均附有注文。案《隋書》《經籍志》著錄《尙書緯》三卷，注云「鄭玄注．梁六卷」。據《後漢書》《樊英傳》《注》云：「書緯：《璇璣鈐》

《考露耀》、《刑德牧》、《帝命驗》、《運期授》也」。則《書緯》五篇，《考露耀》乃其一篇之目也。梁有六卷，當屬全書。《隋志》三卷，疑出殘帙。玄注《書緯》弗見《後漢書》《本傳》，當由范氏記錄偶遺。今據本書考之：卷二引夏火星昏中注云「火東方蒼龍之宿，四月昏中在南方」，與《尚書》孔《疏》謂馬融鄭玄以爲星鳥星火正在南方之說合。其爲玄《注》，蓋無疑矣。

宋均禮緯注亡　本書引《禮》《斗威儀》一條，附有注文。案《後漢書》《樊英傳》《注》云：「《禮緯》：《含文嘉》，《稽命徵》，《斗威儀》也」。則《禮緯》三篇，《斗威義》其篇名也。又案《隋書》《經籍志》著錄《禮緯》三卷，並注云「鄭玄注，亡」。然其注文，義涉兩歧。蓋謂鄭注亡佚，似三卷爲無注之本。若謂三卷即是鄭注，亡者又是何人之帙。文既費解，亦與前後注例弗合，殊屬可疑。爲據《唐書》《經籍志》考之：《禮緯》三卷有宋均《注》而無鄭《注》，疑鄭注之本久已亡佚，《隋志》著錄即是宋均之注。《隋志》原文當云「宋均注，梁有鄭玄注，亡」，今本云云蓋有脫字也。證以本書所引《斗威儀》注云「其注曰紫脫北方物」，與李善《文選注》引宋均注曰「紫脫北方之物」之文正合，則亦宋均注也。

春秋緯亡　本書引《春秋》《考異郵》一條。案《後漢書》《樊英傳》注云：「《春秋緯》：《演孔圖》，《元命包》，《文耀鈎》，《運斗樞》，《感精符》，《合誠圖》，《考異郵》，《保乾圖》，《漢含孳》，《佐助期》，《握誠圖》，《潛譚巴》，《說題辭》」。蓋全書十三篇，《考異郵》其一篇之目也。惟《隋書》《經籍志》云「梁有《春秋緯》三十卷宋均注」，《唐書》《經籍志》著錄者乃有三十八卷。梁唐所傳之本，竟有八卷之差，殊爲可疑。而以緯書傳自鄭學，大行於河洛，唐世徵求遺書，多出於北地。則其盈縮至八卷之差者，殆亦南北傳本有全缺之異歟。

沈約春秋元命包注亡　本書引宋沈約注《春秋元命包》一條。案約《注》：隋唐書《經籍志》均不著錄，約所撰《宋書》《自序》及《梁書》本傳亦不言爲緯注。惟《隋志》云「梁有《春秋包命二卷》」，包命當即元命包之譌脫。蓋自《春秋緯》裁篇別行於世者，或即賈君所引之約《注》也。然南朝自宋大明中已禁讖緯之學，至梁天監後又重申其制。以約歷仕宋齊而終於梁，不應擅違時制以作緯注。而賈君辯材精審，兼通南學，徵引約《注》，特稱宋人，亦不容有誤。則約之注緯也，其在宋元嘉大明間歟（案《太平御覽》九百六十四引《春秋元命包》「織女星主果」，當即約是注之本文）。

孝經援神契亡　本書引《孝經援神契》四條。案《後漢書樊英傳》《注》云：「《孝經緯》：《援神契》，《鉤命決》也」。則《孝經緯》二篇，《援神契》其篇名也。然《隋書》《經籍志》著錄宋均注《孝經勾命決》六卷，又《孝經》《援神契》七卷。似自魏世宋均作注，已分作兩書矣。

孝經河圖亡　本書引《孝經河圖》一條。案《隋書經籍志》著錄各緯書：屬《孝經》者，存亡凡十四種，獨無《孝經河圖》。《太平御覽》《經史圖書綱目》嘗列其目，然唯卷九百六十二竹部曾一引之。其文且與本書所引者同，疑即據此而非別有所見也。又案郭璞《山海經》《西山經注》引《河圖玉版》曰「少室之山，其上有白玉膏，一服即仙矣」，與此引「少室之山，有竹堪爲釜甑」句頗相應。疑賈君原引《孝經》與《河圖》兩書，傳本《孝經》下文有脫奪遂致誤合爲一也。

龍魚河圖亡　本書引《龍魚河圖》六條。案《隋書》《經籍志》著錄《河圖》二十卷，《河圖龍文》一卷，無《龍魚河圖》。惟《太平御覽》《經史圖書綱目》載有其目，次於《河圖括地象》後。或據《開元占經》引《河圖》曰「雞有五色殺人：玄雞頭含病人」（頭含當作白頭食之），即本書卷六所引《龍魚河圖》曰「玄雞白頭食之病人」之文，以爲其書在《隋志》著錄之《河圖》二十卷中。然案《尚書中候》謂禹觀於河長人魚身出授《河圖》，當即世所謂龍魚負圖者。則書名《龍魚河圖》，正用其義。而其附著龍魚之名，亦所以取別《河圖》之書，詎可謂在二十卷中耶。蓋讖緯本由後人造作，歷世所出已非一軸。惟七經緯出於西漢，不乏先秦舊說，足以考古證經。鄭學之徒，援緯解經，雖涉虛妄。固亦時有勝義，而不可盡廢也。若河圖之記本多異辭，雖《地象》間存九州遺說，然漢世所傳止有九篇，《隋志》著錄竟至二十卷。則以篇卷增益已屬難信，況此《龍魚河圖》之文皆後世厭勝之術，是當歸諸子部之術數而未可視爲秘緯之《河圖》也。姑依《御覽》列諸河圖，並附而論之於此。

括地圖亡　本書引《括地圖》一條。案《太平御覽》《經史圖書綱目》載有其目，次在《江寧圖》《地鏡圖》諸書之後，蓋屬史部地理之作也。或據諸書所引《括地圖》之文在孫瑴《古微書》《河圖括地象》中，及張彥遠《名畫記》有《河圖括地象圖》，謂《括地圖》即《河圖括地象》。然案《藝文類聚》《太平御覽》諸書所引《河圖括地象》，其文皆通括地象言之。如云「崑崙之山爲地首，上爲握契。滿爲四瀆，橫爲地軸，上爲天鎮，立爲八柱」。如云武開山爲地門，上爲天高星。荊山爲地雌，上爲軒轅星。大別爲地理，上爲天范星。岐山爲地乳，上爲天麋星。蓋即其所謂「天有七星，地有七表，天有四維，地有四瀆」之說，亦其書之所以地象名者也。若《括地圖》之文，則歷舉八荒九狄去國里數，並無星象之記。如云龍池之山去會稽四萬五千里，如云奇肱氏去玉門四萬里。是亦山經地志之類，非可以《河圖》言也。

史部

史記存　本書引《史記》五條（不明著《史記》者，不計）。其文與今裴駰《集解》本異者：卷一引《太史公自序》「陰陽之家拘而多忌」，《集解》本忌字作畏。卷二引《蕭相國世家》「故世謂之東陵瓜，從邵平始」，《集解》本「世」下有俗字，「從邵平始」作從召平以爲名也。卷三引《天官書》「西北戎菽爲趣兵」，《集解》本「爲」下有小雨二字。據《集解》引徐廣曰「一無此上二字」，則賈君所據正是徐云之別本。蓋徐氏校集諸本異同，裴駰集解以徐爲本，宜其不同有如此也。

漢書存　本書引《漢書》四條（不明著《漢書》及著而文可疑者悉不計），間附音注。其文與今顏師古注本頗有異同，字亦微有今古正俗之別。如「他」字顏本作它，「以」作目，「燉煌」作敦煌，「苜蓿」作目宿，以及梔卮傜繇之類，前後無慮數見。其即顏《敘》所謂後人習讀以意刊改者耶。然亦有本書存其古字，而顏本轉用假借俗體者。如卷二引《貨殖傳》「水居千石魚陂，山居千章之楸」，顏本陂楸二字作波萩。案《說文》阜部陂一曰池也，水部波浦流也。則陂其本字。而波爲假借也。木部楸梓也，草部萩蕭也。則楸爲正體，而萩乃譌文也。斯知顏籀曲覈古本，歸其直正，有所未盡。亦因賈君去古較近，晉世古本尚未盡湮。而自魏歷唐傳寫屢更，顏所謂古者亦未必即古於賈君所見之本也。又案本書引《漢書》所附注文，間涉顏注，所引舊注亦多在顏氏注中。故前人多疑其後世所注。今詳考之，殊不盡然。如卷一引《食貨志》「瓜瓠果蓏」句，歷引應劭張晏臣瓚及《說文》等十家之說，獨不及顏隻辭。雖應劭以下三家之說具在顏《注》，然顏音蓏來果反，此獨不用而別出郎果反。則其不自顏《注》已可逆知。又卷七引《貨殖傳》「薪藁千車船長千丈木千章」句，注云「洪洞方藁，草（當作章）材也，舊作大匠掌材者曰曹椽」，今顏《注》本無此注。據《史記》（貨殖傳）《集解》，此注實出《漢書音義》。其不自顏《注》，尤爲顯矣。又本書所引《漢書》附注，除此條不著名氏外。尙有山居千章之楸注云「楸任方章者千故也」，今顏《注》本作孟康曰。銅器千鈞注云「鈞三十斤也」，顏《注》本云「孟康曰三十斤爲鈞」（此或由賈君改移原注，或與顏所見之本異也）。是本書所引無姓名之注，皆顏所謂孟康注也。然顏《注》中孟康注見諸《史記集解》者，裴駰多謂之《漢書音義》。據駰序云「《漢書音義》稱臣瓚者，莫知姓氏，今直云臣瓚曰。又都無姓名者，但云《漢書音義》」。則本書所引《漢書》附注之不著名氏者，即駰所謂《漢書音義》都無姓名者之注。蓋駰爲《史記》集解，兼採《漢書》音義。本皆詳著各家，用別自所作注。惟此都無姓名，故但云《漢書音義》也。用是言之：賈君之引《漢書》兼錄各家音注，理應準諸裴駰注例爲之。而此獨襲《音義》之舊，殆即用《音義》之本歟。又案《集解》都無姓名之注，在《漢書》顏《注》均有主名。如《貨殖傳》「陸地牧馬二百蹏」以下之注，《集解》云《漢書音義》者，顏均謂之孟康。《鄒陽傳》「申徒狄自沈於河」之注，《集解》云《漢書音義》，顏則謂之服虔。案《唐書》《經籍志》有服虔《漢書音訓》一卷，孟康《漢書音義》九卷。則顏注所具有名姓者。當據此二書考定爲之。蓋《漢書音義》兼採服虔《音訓》，傳本或失撰者名氏。賈君裴氏所見當即其本，故無以定其姓名也。然則本書所引《漢書》各條，其注不著名氏者當爲賈君採諸《漢書音義》之注，其稱孟康曰者爲後人採諸顏氏者，蓋不難辨之矣。

東觀漢記亡　本書引《東觀漢記》一條。案《隋書》《經籍志》著錄《東觀漢記》一百四十三卷，《唐書》《經籍志》作一百二十六卷錄一卷，宋《中興館閣書目》云八卷。蓋自唐以降，歷有散逸。迨元及明，遂亡其書。今行世有清四庫輯二十四卷本，所謂以《永樂大典》所載參考補闕而成者也。取校本書卷十筍條引《東觀漢記》曰：「馬援至荔浦，見冬筍名苞。上言《禹貢》厥苞橘柚，疑是謂也。其味美於春夏」。其文即在輯本《馬援傳》中，而苞字作包，今本《尚書》《禹貢》亦然。案清段玉裁注《說文》「苞艸也」云：「苞艸，假爲苞裹，《詩》《書》《易》《春秋傳》言苞皆此字，近皆改包」。以本書所引苞字證之，知其說之有據矣（又案本書卷三《蔓菁》云「是故漢桓帝詔曰：橫水爲災，五穀不登，令所傷郡國，皆種蕪菁，以助民食」。今輯本在《桓帝紀》中。《太平御覽》九百七十九所引並同。知亦爲賈君引《東觀漢記》之文。特蝗字作橫，爲誤字耳）。

魚豢魏略亡　本書引《魏略》一條。案《隋書》《經籍志》無《魏略》，疑其書弗載《七錄》，或《隋志》之文有脫遺也。《唐書》《經籍志》有《魏略》三十八卷，注云「魚豢注」（字當作撰）。

《新唐書》《藝文志》云，「魚豢《魏略》五十卷」。兩《志》所題卷數不同，亦莫定其孰是也。惟據《隋志》著錄《典略》八十九卷云「魏郎中魚豢撰」，及劉知幾《史通》（古今正史）云「魏時京兆魚豢私撰《魏略》」，知其京兆人為魏郎中耳。然生平不可考已。其書：《唐志》列諸正史，《新唐志》改入雜史。據清章宗源（隋經籍志考證）所考：有紀，有志，有傳，固正史之體也。其列傳之目：又有儒宗，純固，清介，勇俠，止足，佞倖，西戎等號。論贊亦別稱曰議。蓋豢自立名目，不盡沿襲前史舊稱也。又《史通》（題目）云「魚豢姚察著魏梁二史，巨細畢載，蕪累甚多，而俱牓之以略，考名責實，奚其爽歟」。案以巨細畢載，有乖史略之體，其說固然。然豢以魏人修其當世之史，揆諸詳近略遠之義，寧得不以蕪累見呰。況彼所謂略者亦僅對其國史言之耳。非後人刪繁前史以稱史略者之可比也。

王沈魏書亡　本書引《魏書》二條。卷十禾條引《魏書》曰「烏丸地宜青穄」，又東牆條引《魏書》曰「烏丸地宜東牆，能作白酒」。案裴松之《三國志》（《烏丸傳》）《注》引《魏書》曰：「烏丸者東胡也，地宜青穄東墻。東墻似蓬草，實如葵子，至十月熟，能作白酒」。是本書禾及東牆兩條所引《魏書》，本屬一章。蓋賈君以其分立兩目，故亦析其文而兩引之也。又案裴注《魏武紀》引作王沈《魏書》，知其書即《隋書經籍志》著錄《魏書》四十八卷注云「晉司空王沈撰」者。惟據劉知幾《史通》（外篇）云：「沈獨就其業，勒成四十四卷」（《唐書》《經籍志》同），與《隋志》有四卷之異，殊不可解耳。

張勃吳錄亡　本書引《吳錄》七條，亦云《吳錄地理志》。案《史記》《伍子胥傳》：裴駰《集解》引張勃曰「子胥乞食處在丹陽溧陽縣」。司馬貞《索隱》云「張勃晉人，吳鴻臚儼之子，作《吳錄》，故裴氏引之」。則勃當爲晉初人。又案《隋書》《經籍志》云「晉有張勃《吳錄》三十卷，亡」。以駰《注》引勃說言之，宋世尙有其書。《志》云「晉有」與「亡」者，殊爲不解。意者：晉當爲梁之譌字，蓋謂書亡於梁亂也。《唐書經籍志》著錄勃《吳錄》三十卷，其卷數與《隋志》合。蓋即賈君所見爲北地流傳未絕之本，由唐室徵書而復出者也。又劉知幾《史通》（書志篇）云：「班馬著史，別裁書志，張勃曰錄」。以本書引《吳錄地理志》證之，知勃書仍襲班氏舊目，知幾之言乃誤書名爲志耳。

環濟吳紀亡　本書引環氏《吳記》一條。案《隋書經籍志》著錄《吳紀》九卷，注云「晉大學博士環濟撰」。考裴松之《三國志注》，劉孝標《世說新語注》。及《初學記》，《太平御覽》諸書所引，通稱環濟《吳紀》。惟《唐書經籍志》作《吳記》與本書同，蓋記紀二字本可相通也。然《隋志》九卷列在正史，《唐志》十卷改入編年。不惟卷帙有差，部類亦殊，弗可解也。說者或據編年爲紀，創自荀悅。魏晉祖述，莫不相因。以爲《唐志》得實，《隋志》爲非。然考《東觀漢記》本兼紀傳之體，陸機《晉紀》實肇正史之篇。紀與編年，蓋有異矣。以論《隋志》所記原是考其見存之書，《唐志》之錄不過撮拾開元舊編。則爲之權衡得失，當亦有別。而其援一字之名，定史編之體，固未可謂之斷也。

三國志存　本書引魏志二條，《吳志》一條。案《隋書》《經籍志》《三國志》六十五卷。《唐書》《經籍志》分《魏國志》三十卷入正史，《蜀國志》十五卷，《吳國志》二十一卷（蓋合《敍錄》一卷爲二十一也）入雜僞國史。今本《三國志》總目分《魏書》、《蜀書》、《吳書》三部，通爲六十五卷，與《隋志》合。書中則別題《魏志》，《蜀志》，《吳志》，各自爲卷，與《唐志》合。似其書原志三國，分卷別行，而後人合爲一部者。然考《裴松之上三國注表》云：「臣前被詔，使采三國異同，以注陳壽《國志》」，及《北齊書》《宋顯傳》曰：顯從祖弟繪依準裴松之注《國志》體，注王隱及《中興書》」。則《國志》之名，由來已久。賈君分引兩志，亦猶後人引《封禪書》《古今人表》者耳。

戰國策存　本書引《戰國策》一條。案《隋書經籍志》著錄劉向錄《戰國策》三十二卷，高誘注《戰國策》二十一卷。今本《國策》作三十三卷。據劉向《敍錄》云：「除復重，得三十三篇」。則全書依篇爲卷應得三十三卷。而《隋志》著錄向誘兩本殆非完帙也。本書所引，文云「夫柳，縱橫顚到樹之皆生，使千（當作十）人樹之，一人搖之，則無生柳矣」。今本《國策》作「今夫楊，橫樹之則生，倒樹之則生，折而樹之又生。然使十人樹楊，一人拔之，則無生楊矣」。文句不同殊甚，疑其所見之本異也。以宋《崇文總目》及曾鞏《重校戰國策序》考之：今本蓋由鞏合向誘兩本而成（詳見彭君翔生《影宋精抄戰國策校記》）非魏晉以來相傳之舊帙也。今案樹楊之文，在今本第二十三卷中。據《崇文總目》：誘注適缺是卷（中無誘注亦其證也），殆即向錄之本也。然其文與《韓非子》（《說林》）惠施說陳軫之辭同，《藝文類聚》之引《國策》亦復如是。疑其爲後人據《韓非》改劉錄之書，而賈君所引或即誘注之本歟。

越絕書存 本書引《越絕書》一條。案《隋書》《經籍志》著錄《越絕記》十六卷，即其書也。據《史記》（《孫吳列傳》）《正義》引《七錄》云「《越絕》十六卷」，及《越絕書本事》云「問曰何謂《越絕》。越者國之氏也。絕者絕也，謂勾踐時也」，又云「問曰何不稱越經書記而言絕乎」。則其書本名《越絕》，後人附著書記之名，遂致歧異耳。然據本書及《史記集解》所引通稱《越絕書》，則其附著書字亦已久矣。今本《越絕書》十五卷，爲宋以來相傳之本，非其全帙且無撰人。按《隋志》云「子貢撰」，《史記正義》云「伍子胥撰」。然其雜記吳越，兼及秦漢，非二賢身世之所及，故明楊愼等據書中《敘外傳記》，斷爲漢會稽吳平袁康撰。愼又據王充《論衡》（《案書篇》）稱會稽吳君高及君高之《越紐錄》，疑即其人而謂《越紐》即《越絕》字相近也。今案書中《記吳地傳》云「勾踐徙瑯邪到建武二十八年，凡五百六十七年」，知其書成於東漢光武末年。《敘外傳記》云「邦賢以口爲姓，承之以天。楚相屈原，與之同名。年加申酉，懷道而終」。考光武建武二十八年爲壬子，明帝永平三年爲庚申，蓋書成九年而平卒也。又云「文屬辭定，自于邦賢。德配顏淵，時莫能與。友臣不施，猶子得麟。覽覩厥意，嗟嘆其文」。似康於平卒後，傷其不遇，特裒遺文而敘之者。然康敘中，歷舉子胥范蠡二人之賢，辨其死去行違之義。而謂「勾踐以來，至乎更始之元，五百餘年，吳越相攻，復見於今」。又云「子謀父，臣殺主，天地所不容載，惡之甚深，故終於陳恆」。何其言之深慨痛絕，而意之隱有所指也。意者：光武始臣更始，以兄伯升被害，叛而自立。迨後謝祿殺更始，復釋不誅。固有近於復仇殺主之義者。然則光武之於更始業有慚德，而平康之遯世弗顯與廋辭托類者亦有然矣。

沈懷遠南越志亡　本書引《南越志》四條。案《隋書》《經籍志》《南越志》八卷，《唐書》《經籍志》云「五卷」似非全帙也。又《隋志》云「沈氏撰」，《唐志》云「沈懷遠撰」。案懷遠事蹟附見《宋書》《沈懷文傳》。據《傳》云：「懷遠坐納王鸚鵡爲妾，世祖徙之廣州。終世祖世，不得還。前廢帝世，流徙者並聽歸，官至武康令。撰《南越志》，傳於世」。王鸚鵡事見《元凶劭傳》，懷遠之徙蓋在文帝末年，至前廢帝世得還已十餘年矣。廣州古之南越也。懷遠蓋以徙居其地，志其山川草木，以及鱗介羽族之異物，而爲是《志》。如本書所引石蕈猴葵合成樹龍鍾竹諸條，固爲《山經地志》之屬也。然亦兼載三代秦漢以來之遺事。如《太平御覽》所引始皇鑿山孫權發墓諸條，頗有關於史乘。此《隋志》所以列入雜史歟。

常璩華陽國志存　本書引《華陽國志》一條。案《隋書》《經籍志》《華陽國志》十二卷，注云「常璩撰」。璩字道將，蜀漢李勢散騎常侍，隨勢降晉，爲桓溫參軍，見《晉書》李勢桓溫《傳》。今本《國志》十二卷爲宋李𡌴補訂之本，非《隋志》著錄之舊帙也。其書備記巴蜀風土與公孫二劉諸李興廢，以及鄉里賢俊，所謂志其本土而爲一方之地記者。《隋志》列入霸史，蓋亦以記述公孫劉李事蹟爲偏霸之史也。本書引竹王生於豚水句，今本豚字作遯。案《漢書》《地理志》夜郎注云「豚水東至廣鬱」，則作遯者非也。然《太平御覽》引《國志》此文亦同今本，知其承譌亦已久矣。

劉道會晉起居注亡　本書引《晉起居注》一條。案《隋書》《經籍志》《晉起居注》三百一十七卷，注云「宋北徐州主薄劉道會撰，梁有三百二十二卷」。《唐書》《經籍志》作三百二十卷。據清章宗源考《北堂書鈔》《太平御覽》所引諸條，其書總記武帝至安帝兩晉之世。蓋合泰始義熙諸書而成，故其卷帙繁富有如此也。本書引惠帝二年巴西郡竹生紫色花云云，《初學記》《太平御覽》竹部引謝靈運《晉書》均作「巴西界竹生花紫色」（《御覽》脫生字），今《晉書》《五行志》又作「巴西郡界草皆生花」。以其先後論之：謝之襲取《晉起居注》而誤郡爲界，唐修晉史又承謝書而譌竹作草，固可見其因襲之跡也（案劉敬叔《異苑》云「巴西界竹生花紫色」，知其承譌亦已久矣）。

漢武故事存　本書引《漢武故事》一條。案《隋書》《經籍志》《漢武故事》二卷，今行世本作一卷。據諸書所引各條考之，今本已非完帙。本書所引東郡獻短人事，雖見卷中，而文句迥異。以《太平御覽》桃部引此條之文與本書同，知宋初所傳猶是賈君所見之本。今本蓋其殘帙而由後人增竄成之者也。

西京雜記存　本書引《西京雜記》十二條。案《隋書》《經籍志》《西京雜記》二卷，《唐書》《經籍志》云一卷，今行世本作六卷，蓋亦卷帙分合之異也。本書所引各條俱見今本六卷中，然賈君所引頗有增省先後之異。如卷四《插梨》所引諸梨名色：今本《西京雜記》梨類有十，本書祇引其八。而置青梨於芳梨後，列紫條梨於瀚海梨前，又別出朐山梨張公大谷梨，其增省先後之意殊難索解。又案本書引蓬萊杏云「東海都尉于台獻」（今本作于吉，當出後人臆改，《太平御覽》所引猶作于台可證），引嶧陽栗云「嶧陽都尉曹龍獻」。據《漢書》《地理志》東海郡屬縣：下邳云「葛嶧山在西，古文以為嶧陽」，費縣云「故魯季氏邑，都尉治」。則此云嶧陽即是下邳，而都尉之治在費縣，二縣均屬東海郡也。然考之《漢官》：都尉將兵，副佐太守。惟邊郡時置二三都尉，其在餘郡皆一都尉。今上林之獻，當屬同時之事。于台曹龍並稱都尉，豈東海一郡有兩都尉耶。以意言之：都尉治所雖在費縣，自是一郡之職，例應以東海為稱。其稱嶧陽者，當非郡尉可擬，殆所謂關都尉之屬者耶（《太平御覽》引作嶧陽太守尤不可通。又今本東海都尉作東郭亦是後人臆改，《御覽》所引尚不誤）。

衛宏漢舊儀存　本書引《漢舊儀》一條。案《隋書》《經籍志》《漢舊儀》四卷，《唐書》《經籍志》同（舊譌作書），《宋史》《藝文志》云三卷。今本自《永樂大典》錄出，作一卷，或分上下卷。本書所引神荼鬱壘事不見卷中，蓋自宋以後即已殘脫矣。又案《後漢書》《衛宏傳》云：「宏作《漢舊儀》四篇，以載西京雜事」。則宏以記述前漢朝儀故事，故以舊儀名也。

晉令亡　本書引晉令一條。案《隋書》《經籍志》《晉令》四十卷，無撰人名氏，《唐書》《經籍志》云「賈充等撰」。據《晉書》考之：蓋司馬昭於魏咸熙初奏請賈充定律令，至晉受禪後書始告成。故雖創始於魏，而以頒行晉世得稱《晉令》也。又案《充傳》及《刑法志》：記充修律令，典正其事者，有鄭沖荀顗荀勗羊祜王業杜友杜預裴楷周權（《充傳》作周雄）郭頎成公綏荀煇柳軌史榮邵等十四人。蓋亦博諮周詢創成鉅典，故以「等」言也。又《刑法志》云：「軍事田農酤酒故不入律，悉以為令」，據《唐六典》所載《晉令》三十二目兼有戶學醫藥選吏補亡等項，則《志》亦大略言之耳。本書卷三引《晉令》曰「有紫葱」，案《藝文類聚》草部引《晉令》「居洛陽內（內上據《太平御覽》菜部二引《晉書》當有「城十里」三字，《晉書》即《晉令》之譌也），有園菜欲以當課者聽（原句譌，今正），其引長流灌紫葱，可各三畝」，當是其文。其云園課，殆所謂田農之令者也。

漢武內傳存　本書引《漢武內傳》五條。案《隋書》《經籍志》著錄《漢武內傳》三卷，當即賈君所見之本也。《唐書》《經籍志》云《漢武帝傳》二卷。今本云《漢武帝內傳》，祇一卷，其卷數名稱均爲弗合。今案《傳》述漢武帝事，當如今本云《漢武帝內傳》。省稱《漢武》，例亦可通。惟《唐志》省內稱傳，不無小失耳。又案《玉海》引宋《中興書目》云：「《漢武帝內傳二卷，載西王母事，後有淮南王公孫卿稷邱君八事，乃唐終南元都道士游叢所附」。則《唐志》二卷之本，當爲唐人補綴舊帙而非原書也。今本無淮南八事，殆又後人刪落者也。然本書所引見今本者祇一條，唐宋類書所引亦有歧異。則今本非賈君所見之完書，且非唐人補綴二卷之本也。又今本題班固撰：清《四庫書提要》嘗據書中所載東方朔事與《漢書》《東方朔傳贊》矛盾以斥其謬，並歷引徐陵《玉臺新詠序》郭璞《游仙詩》葛洪《神仙傳》及張華《博物志》諸書斷爲魏晉間人所作。今案本書卷十引「奈出永昌」，考永昌地屬益州，漢明帝永平二年始置爲郡。班氏當東京改置之始，當悉其故。則其追述前朝遺事，自不襲用後置之名。今云永昌，爲出後人，尤其明證也。

東方朔傳亡　本書引《東方朔傳》一條。案《隋書》《唐書》《經籍志》《東方朔傳》八卷，均不著撰人名氏。考《漢書》《東方朔傳》稱朔文辭，以《答客問》《非有先生論》二篇最善。其餘：

有《封泰山》，《責和氏璧》，及《皇太子生禖》，《屛風》，《殿上柏梁柱》，《平樂觀賦獵》，八言七言上下，《從公孫弘借車》。並云「凡向所錄朔書具是矣，世所傳他事皆非也」。顏師古《漢書注》曰：「謂如《東方朔別傳》及俗用五行時日之書皆非實事也」。案顏謂《東方朔別傳》即《東方朔傳》也。據本書引「朔書與公孫弘借車馬，曰木堇夕死朝榮，士亦不長貧」。其書即在班述向所錄朔書中，則事固爲得實也。他若《太平御覽》引朔上書及形容公孫丞相倪大夫等語均見《漢書》本傳，而亦非虛妄也。惟《藝文類聚》諸書所引頗有近於班氏之斥爲奇言怪語者。然則其書，蓋出漢人好事者之手，其言固不盡誣，而顏謂皆非實事過矣（案顏謂五行日用之書，當即《隋志》著錄東方朔占曆諸書。蓋以朔逢占射覆，遂以託名者也）。

夏統別傳注亡　本書引《夏統別傳注》一條。案《夏統別傳》：《隋書》《經籍志》不著錄，惟《太平御覽》《經史圖書綱目》載有其目。《藝文類聚》所引，則作《夏仲御別傳》。仲御，統字也。其事蹟見《晉書》《隱逸傳》。《別傳》作者，蓋無可考。《注》爲原作，抑出後人，益難言矣。

曹毗杜蘭香傳亡　本書引《杜蘭香傳》一條。案《杜蘭香傳》：《隋書》《經籍志》不著錄，《藝文類聚》（草部）引曹毗《杜蘭香傳》當即其書。然考《晉書》《曹毗傳》云：「時桂陽張碩爲神女杜蘭香所降，毗因以二篇詩嘲之，并續蘭香歌詩十篇，甚有文彩」，不謂其作傳也。又案干寶《搜神記》稱漢時有杜蘭香者，自稱南康人氏，以建業四年春數詣張傳，傳先改名碩云云，當即其事。然毗與蔡謨同世，《毗傳》云「謨舉爲佐著作郎」，考其時當在晉成帝初年謨領秘書監後。《記》云「

漢時」殊與《毗傳》所敘弗合，且兩漢亦無建業年號。案《藝文類聚》（靈異部）引《杜蘭香別傳》云建興四年，則是晉愍帝末年事也（今本《搜神記》乃後人抄撮類書所成，此記蓋即據《藝文類聚》靈異部及草部所引之條并合成之，而又竄入漢時二字也）。今據其文考之：蘭香降時，輒作詩示碩。《毗傳》謂毗嘲詩并續歌詩者，或即指是《傳》而言也。

劉向列仙傳存　本書引《列仙傳》二條。案《隋書》《經籍志》著錄《列仙傳讚》三卷，云「劉向撰，鬷續，孫綽讚」。又《列仙傳讚》二卷，云「劉向撰，晉郭元祖讚」。今本《列仙傳》二卷，與郭讚本卷數同。蓋其書原作二卷。爲之讚者：或分系於傳，或自爲一卷。故有三卷二卷之異也。

葛洪神仙傳存　本書引《神仙傳》六條。案《隋書》《經籍志》《神仙傳》十卷，云「葛洪撰」。《晉書》《葛洪傳》同。今本《神仙傳》亦作十卷。然據本書所引諸條考之：其事雖具見卷中，而文句迴異，似非賈君所見之原帙也。

列異傳亡　本書引《列異傳》一條。案《隋書》《經籍志》《列異傳》三卷，注云「魏文帝撰」。又《序》云：「魏文帝又作《列異》，以序鬼物奇怪之事」。然考諸書所引《列異傳》，多不著魏文名。據《太平御覽》（妖異部）引中山王周南事，謂「正始中有襄邑長」。正始爲魏邵陵公芳年號，在文帝後十餘年，當非魏文所及。則其書即非僞託，亦必有後人附益者矣。

戴祚甄異傳亡　本書引《甄異傳》一條。案《隋書》《經籍志》《甄異傳》三卷，云「晉西戎主簿戴祚撰」。然《晉書》無祚傳。或據《封氏聞見記》引祚《西征記》，並謂祚江東人，晉末從劉裕西征云云。及《水經注》（洛水）謂義熙中，劉公西入長安，次于洛陽，命參軍戴延之與府舍人虞道元即舟遡流，窮覽洛川云云。謂祚即延之，祚名而延之字也。今案《甄異傳》，《太平御覽》作《甄異記》。其引徐州吳清事，謂「太元五年被差征人」。則自晉孝武太元，至安帝義熙，前後不過二十年，其說似爲近之。然考《隋志》著錄《西征記》，有祚《記》一卷，又有延之《記》二卷。豈以其題名偶異遂分錄二書，抑封演所見爲延之之書而誤署祚之名者耶。若據《唐書》《經籍志》有祚《記》一卷而無延之《記》，及《新唐書》《藝文志》並出戴延之《洛陽記》一卷戴祚《西征記》二卷者。則二書署名業已互誤，而封氏所見祚《記》當即延之二卷之記也。

劉敬叔異苑存　本書引《異苑》一條。案《隋書》《經籍志》《異苑》十卷，云「宋給事劉敬叔撰」，今行本十卷爲明胡震亨校刊，清《四庫書提要》謂即震亨採諸書補作者。今案本書引南康甘橘事：「南康有奚石山」句今本作「南康歸（一作皈）美山石城內」，「家人噉輒病」句今本作「家人啖之輒病」。蓋即據《太平御覽》（果部）甘橘橙三條所引者採撮成之，而其綴緝并合之跡固顯然可見也。

干寶搜神記存　本書引《搜神記》二條。案《隋書》《經籍志》《搜神記》三十卷，注云「干寶撰」。《唐書》《經籍志》同。據《晉書》《干寶傳》云：「撰集古今神祇靈異人物變化，名爲《搜神記》，凡二十卷」。則與隋唐兩《志》有十卷之差。其爲後人所增益，抑爲《晉書》有譌誤，不可知矣。今本二卷，清《四庫書提要》謂出後人採綴類書及他說成之。以本書引蠶女兒事證之，其文雖有省删。然云「乘之而還」，今本作亟乘以歸。云「爾馬」，今本作汝是畜生。句非省删而辭字迥異，知其文由採撮固不盡合原書也。

郭璞山海經注(存)　本書引《山海經》九條，中有郭璞注者六條。以校今本《山海經》：《中山經》前山「其木多櫧」句，櫧本字作𦶜。《西山經》不周山「食之不勞」句，勞原文作飢。據《太平御覽》木部十引作「多𦶜」，及果部一引作「不飢」。知今本櫧字爲宋人據郭氏「或作儲」之注所改，而勞字則臆改或誤字也。又案《海內經》「百穀自生」句及《海內西經》「木禾穀類也」注文之兩穀字，本書所引字均作榖。榖字不見字書，考其形體實由隸變致譌。如漢《華山廟碑》馨字所从之殸，其文已與殸字形極相似。故穀字遂因形似而譌作榖。《金匱要略》《臟腑經絡先後病脈》篇「榖飪之邪從口入者宿食也」，榖亦穀之譌體也（舊注讀爲馨，謂馨香可口過食停滯者非是）。然則據《金匱要略》及本書兩引榖字言之，此亦漢魏以來譌體俗字之僅存者矣。

周處風土記(亡)　本書引《風土記》十二條，《注》一條。案《隋書》《經籍志》《風土記》三卷，注云「晉平西將軍周處撰」。處字子隱，義興陽羨人，見《晉書》本傳。據劉知幾《史通》（《補註》）云：「周處之陽羨《風土》，常璩之華陽《士女》。文言美辭，列於章句。委曲敘事，存於細書。此之注釋，異夫儒士者矣」。則處之撰《記》，原自作注也。第以《史通》云「周處之陽羨《風土》」，又（《書志》）云「周處撰陽羨《風土》」。似處著書，專爲其一縣風土之記者。然案本書引舜耕歷山事，謂始寧剡二縣界上有舜耕田。以二縣同屬會稽，陽羨別隸吳興（晉惠末年立義興郡屬之，故《傳》

云義興也）。非惟異縣，且異郡也。蓋考陽羨在漢，本屬會稽，東漢中葉，分隸吳郡。及孫氏據吳，乃置吳興。故地非一郡，風土實同。而處之作《記》，不爲陽羨一縣之記者，固可斷而言之也。

京口記乇　本書引《京口記》一條。案《隋書》《經籍志》《京口記》二卷，注云「宋太常卿劉損撰」。《唐書》《經籍志》云「劉損之撰」。《藝文類聚》作劉禎《京口記》，《太平御覽》又作劉楨。諸名紛歧，莫可究詰。然據《御覽》（地部二十二）引楨《記》北固山云：「舊北顧（本譌作固，今正）作固字。梁高祖云：北望海口，實爲壯觀。以理而推，宜改爲顧望之顧」。則楨去宋亡已遠，當非仕宋之太常卿，《類聚》《御覽》所引或別爲一書。蓋京口在丹徒縣。爲宋武帝世居之里。自武帝受命，京口遂成重地。故損紀其山水勝跡而撰爲是《記》，後人貂續遂多異本，如《輿地碑記目》所稱京口舊記山謙之作者亦此楨《記》之類也。

盛弘之荊州記乇　本書引盛弘之《荊州記》二條。案《隋書》《經籍志》《荊州記》三卷，注云「宋臨川王侍郎盛弘之撰」。考《宋書》《臨川王傳》：宋武帝永初元年以長沙王道憐第二子義慶襲封臨川王，文帝元嘉九年出爲平西將軍荊州刺史。《傳》並稱義慶招聚文學之士，遠近必至。以袁淑爲諮議參軍，陸展何長瑜鮑照等爲佐史國臣。皆辭章之美，冠絕當世者也。則弘之爲臨川侍郎，當在義慶出鎭荊州之日，故述一州之人物靈怪而爲是《記》。今以本書所引巴陵娑羅謝休大竹二事考之：巴陵原隸長沙，謝休屬於臨賀。在宋武帝永初三年立湘州後，固皆湘州地也。及文帝元嘉八年罷湘州復并荊州，臨川乃以前將軍出督荊雍七州。至十六年復置湘州，義慶亦去州改授散騎常侍。則自元嘉八年至十六年間，巴陵謝休二縣均屬荊州。而弘之當臨川「在州八年」之日撰著是《記》，其事雖弗著亦不難推而知之矣。

荊州土地記亡　本書引《荊州土地記》三條，《荊州地記》一條，《荊州記》一條。案《荊州土地記》，《隋書》《經籍志》不著錄。惟《藝文類聚》《太平御覽》諸書嘗引其文，然亦無撰人名氏。又《初學記》所引有劉澄之《荊州記》。《御覽》《經史圖書綱目》，有范汪《荊州記》，庾仲雍《荊州記》，盛弘之《荊州記》三種，獨無《荊州土地記》之名。以《御覽》列范庾二書於盛《記》之前，及諸書引《荊州土地記》或省稱《荊州記》（如本書引《荆州土地記》曰「宜都出大枇杷」，《太平御覽》果部八作《荆州記》者是）。疑《荊州土地記》不出范庾劉三書之外，本書引《荊州記》及《荊州地記》亦即其書而非盛弘之《荊州記》也。以本書所引五條斷之：云「江陵有名梨」，云「吳郡有名李」，此固晉宋荊州之郡縣也。云「房陵有名李」，則在東晉初已爲梁州地矣。蓋房陵本漢舊縣，原屬漢中。自魏文帝割漢中立新城郡，始以新城領房陵屬荊州也。又云「宜都出大枇杷」，考宜都立郡始蜀昭烈，蓋分吳郡所立而吳晉因之以屬荊州者。此二地之爲荊州實在魏吳晉初，前乎此郡猶未立，後乎此已改隸梁州。以是而推《荊州地記》之作，其人必在晉武滅吳之後與王馬過江之前矣（又案本書引《荆州地記》曰「浮陵茶最好」，疑爲沅陵之譌。考沅陵漢晉宋初均隸荆州，孝武初年已改郢州，亦可證其不能後於盛弘之《記》也）。

陸翽鄴中記存　本書引《鄴中記》三條。案《隋書》《經籍志》《鄴中記》三卷，注云「晉國子助教陸翽撰」。今本《鄴中記》作一卷，本書所引三條悉在卷中。文字異者：石虎苑中西王母棗，今本苑誤作園。安石榴大如盂椀，今本盂椀改作椀盞。蓋今本乃後人據陸書殘帙，而摭《鄴都故事》以補之者也。

辛氏三秦記亡　本書引《三秦記》二條。案《三秦記》：《隋書》《經籍志》不著錄，本書所引亦弗著撰人名氏。惟據《初學記》果木部引此二條云「辛氏《三秦記》」知爲辛氏耳，然其名字里居以及卷帙則弗可考矣。又案杜佑《通典》（《州郡門》）謂辛氏《三秦記》之類皆自述鄉國靈怪人賢物盛，及劉知幾《史通》（雜述）稱各志本國足明一方若辛氏《三秦記》者謂之地理書云云。以考類書所引：如驪山始皇祠陳倉石鼓山之類誠涉靈怪之跡，然本書引漢武果園栗園之條亦無殊於《黃圖》宮殿之志。蓋辛氏撰《記》：志其本國風土兼及秦漢舊事異聞，故不免語雜靈怪而有人賢物盛之譏也。觀其備述關中故事以迄西晉末葉，似作於北地元魏之朝。而據《隋志》弗載其目並不注云「梁有」，亦似其書弗著於《七錄》。殆《顏氏家訓》所謂「南方以晉家渡江後，北間傳記皆名爲僞書，不貴省讀，故不見」者耶。

伏琛齊地記亡　本書引《齊地記》一條。案《齊地記》，《隋書》《經籍志》不著錄。據《太平御覽》（《木部九》）引伏琛《齊地記》曰：「東武城東南盧水水側有勝火木，俗音樓子，其木經野火燒之不死，炭亦不滅，故東方朔謂之不灰之木」（原有脫文，據《火部四》補），爲本書引「東方有不灰木」句之全文。知其書爲伏琛撰，而「東方」即東方朔之脫文也。琛字里未詳，其書卷帙亦無考。茲以《宋書》《州郡志》考其所記諸郡縣：曰齊，郡也。曰臨淄，屬齊郡。曰博昌，屬樂安郡。曰朱虛（《御覽》《冢墓四》引誤作朱虎，今正），曰安邱，曰東武，皆屬平昌郡。而此三郡又皆青州地也。然則據《宋志》以孝武帝大明八年爲正，及朱虛安邱在晉屬徐州東莞郡。以推琛之著《記》，蓋以志青州之地。而其時亦當在宋武帝平齊之後也（案琛《記》蓋即據慕容德時青州秀才晏謨《記》而作者）。

嵩高山記乜　本書引《嵩高山記》二條，其一條云《嵩山記》者省稱也。案《嵩高山記》，《隋書》《經籍志》不著錄。《新唐書》《藝文志》有盧鴻《嵩山記》一卷注云「天寶人」，則非是書矣。據本書引嵩高寺思惟樹，謂漢有道士從外國來云云（原缺有字，據《御覽木部九》補），當是漢後人所撰。又《太平御覽》（《木部》九）引《魏王花木志》記嵩高貝多即此事，文字相似，或即據《嵩山記》者耶。

西河舊事乜　本書引《西河舊事》一條。案《西河舊事》，《隋書》《經籍志》不著錄。《新唐書》《藝文志》有《西河舊事》一卷，亦不著撰人名氏。據本書引祁連山在張掖酒泉二界，《太平御覽》（《地部》十五）引焉支山在删丹故縣，酈道元《水經注》引葱嶺在敦煌西八千里，及劉孝標《世說新語注》引河西酪爲指涼土。則其所記乃漢晉涼州之地，而所謂西河猶言河西也。

河西語乜　本書引《河西語》一條。案《河西語》，《隋書》《經籍志》不著錄。《太平御覽》《經史圖書綱目》有《西河語》，據其《百穀部》（六）引《西河語》曰「貸我東牆，償我白粱」句與本書引者同，知即其書，蓋亦涼州地也。然考本書歷引青齊舊諺，疑此云《河西語》亦涼土諺語之類。或集諺成書，或即載諸《西河舊事》，亦莫能定也。

鄭緝之永嘉記亡　本書引《永嘉記》四條。案《永嘉記》，《隋書》《經籍志》不著錄。《初學記》（《地部》）引鄭緝之《永嘉記》，《太平御覽》《經史圖書綱目》同。《藝文類聚》（《山部》）引作《永嘉郡記》，蓋爲江左永嘉一郡之地志者也。緝之字里未詳。據《御覽》（《竹部》二）引《永嘉郡記》王右軍見樂成縣民張薦事，樂成爲晉孝武康寧三年分永寧所立。則其人當在東晉末葉後，或宋梁間歟。

尋陽記亡　本書引《尋陽記》一條。案《尋陽記》，《隋書》《經籍志》不著錄。《太平御覽》《經史圖書綱目》有《潯陽記》，據《初學記》（《地部》）《文選注》（謝靈運《入彭蠡湖詩》）諸書所引作張僧鑒《潯陽記》。然考尋陽本漢舊縣，自東晉立郡仍襲本稱，故晉宋《地志》均作尋陽。自唐初分彭澤以立縣，始有潯陽之名。此與兩《志》所載，非惟郡縣領屬攸異，即其地名亦復不同。而以《御覽》引《潯陽記》證之：其《地部六》引《記》稱廬山五老峯形勢如河中虞鄉縣前五老之形，考虞鄉之屬河中郡亦自唐世始然也。然則諸書引張僧鑒《潯陽記》與本書及《水經注》《世說新語注》所引之《尋陽記》顯係兩書，而清章宗源《隋書經籍志考證》合而言之者蓋亦失於考矣。

湘州記亡　本書引《湘州記》一條。案《隋書》《經籍志》著錄《湘州記》，有庾仲雍撰二卷，郭仲彥撰一卷。《新唐書》《藝文志》又別有無姓名《湘州記》四卷。《太平御覽》《經史圖書綱目》則於庾郭（仲彥作仲產似誤）二《記》之外，復有甄烈《湘州記》。合諸《志》《目》所載，《湘州》之志蓋有四家。本書所引之條，雖莫知其誰屬。然據其稱州故城陶侃廟考之：侃卒於成帝咸和七年，而湘州業於三年省并荊州，至安帝義熙八年始復立州，廢置之間已八十餘年。則侃之督荊，遺德在州，故城廟祀，固有其因。以是而推：賈君所見湘州之《記》，亦必作於晉義熙八年復州之後矣。

周景式廬山記ㄜ　本書引周景式《廬山記》一條。案周景式《廬山志》：《隋書》《經籍志》不箸錄，《初學記》《藝文類聚》《太平御覽》諸書皆引之。景式字里未詳。據《御覽》（《獸部》二十二）引景式《孝子傳》稱嘗至綏安縣途逢逐猴事考之：綏安縣有三。一屬廣州義安郡，爲晉安帝義熙九年立。一屬南徐州義興郡，爲宋武帝永初三年立。一屬郢州義安左郡，爲蕭齊時所立。雖景式逢猴之縣莫知所屬，然其人則必在宋齊間矣。

蜀志記ㄜ　本書引《蜀志記》一條。據《太平御覽》（《木部》九）引《蜀志》「沙木樹出麵，一樹出一石，正白而味似桄榔」，與本書所引莎樹之文同，知《蜀志記》即《蜀志》也。案《隋書》《經籍志》有《蜀志》一卷，注云「東京武平太守常寬撰」。據常璩《華陽國志》（《大同志》）云：「自劉氏祚替，而金德當陽。族祖武平府君，漢嘉杜府君並作《蜀後志》。書其大同，及其喪亂」。則寬《志》乃記西晉蜀中舊事，以繼陳壽《蜀志》而作故稱《後志》。然寬實東晉元帝時人，《隋志》謂之東京已屬譌誤。而據《華陽志》稱「常杜並作」，《蜀後志》書亦非一本也。今案本書引莎樹似桄榔，謂「出興古」。及《御覽》（《木部》六）引桄榔云：「興古南漢縣有桄榔樹」。以考興古立郡，始蜀後主。蓋蜀建興三年南征四郡後，分建寧牂牁以立興古。蜀亡，而晉因之以立寧州。然考晉宋《

地志》所載興古屬縣，晉統縣十一，宋領縣六，均無南漢之縣。據《後漢書》《西南夷傳》謂：「句町縣有桄榔木，可以爲麵，百姓資之」，其事與本書《御覽》引《蜀志》之說相合。而以句町本隸牂牁，改屬興古。似南漢即自句町分立之縣，故一謂句町而一謂之南漢也（《晉志》各郡屬縣本多譌脫，《宋志》寧州八十一縣亦僅得七十，興古之南漢或即在所脫之十一縣中耶）。

蜀記亡　本書引《蜀記》一條。案《蜀記》，《隋書》《經籍志》不著錄。本條《太平御覽》（《果部》十二）引之，而《經史圖書綱目》有《遊蜀記》而無《蜀記》之目。據《太平寰宇記》引有李膺《蜀記》及段氏《蜀記》兩種，而《山南東道八》忠州土產又引段氏《遊蜀記》。則本書所引《蜀記》，其即段氏之《遊蜀記》歟。

南中八郡志亡　本書引《南中八郡志》二條，其一云《南州八郡志》。據《藝文類聚》（《果部下》）及《太平御覽》（《果部》八）引作《南中八郡志》，知南州即南中之譌。蓋南中本古西南夷地，自漢武闢土開疆始內屬爲郡。考其所立：曰犍爲，曰牂牁，曰越巂，曰益州，共四郡。至後漢明帝以新附立永昌，安帝以諸道置犍爲屬國。蜀又改犍爲屬國爲朱提，改益州爲建寧，又分建寧永昌立雲南，分建寧牂牁爲興古。合前漢四郡爲八，此蜀漢南中八郡也。據《後漢書》《郡國志》劉昭注引《南中志》考之：武陽屬犍爲，談指屬牂牁，卭都屬越巂，宛溫勝休二縣均隸興古，雲南朱提二縣又二郡之郡治也。論蜀漢八郡，此已得其六矣。更以本書引交趾出好橘事考之：交趾爲漢武平呂嘉所立九郡之一，古之南越地也。與南中八郡，非惟地乖夷越，即其州部亦異，詎可以南中言之。考之史冊：魏自景元滅蜀，得南中八郡。明年交趾叛吳，內附於魏。並得鬱林日南，是爲交趾三郡。以其孤處徼外，惟南中可通，故以南中監軍遙領其事。此交趾所以得附南中，而晉武帝泰始七年詔所以並免交趾三郡與南中諸郡之戶調也。七年秋，吳攻交趾，晉失三郡。及平吳之後，三郡之地直屬交廣二州，已與南中無涉。則《南中八郡志》者：蓋以南中八郡合交趾三郡之地而爲之志，考其時世亦當在魏末晉初矣。

劉欣期交州記㐅　本書引劉欣期《交州記》四條，又《交州記》五條。案劉欣期《交州記》：《隋書》《經籍志》不著錄，《水經注》及各類書均引之。據《太平御覽》《經史圖書綱目》著錄《交州記》，而卷中所引或稱劉欣期《交州記》或直稱《交州記》。及本書引《交州記》含水藤條與《後漢書》《郡國志注》引《交州記》居風山大牛條，《御覽》所引均作劉欣期《交州記》。知其以省稱見異，非《記》有二書也。欣期字里未詳。據《御覽》（《蟲豸部》四）引大蚍蜉事，謂太和中人有至武嶺云云。考太和年號有二：一爲魏明初元，一爲晉海西元號。以魏明時交州屬吳，《記》中稱述不宜承用魏年，其爲東晉當無可疑。而據《御覽》（《蟲豸部》三）引徐聞縣出大吳公條考之，徐聞屬合浦郡。當晉及宋初，合浦原隸交州。至明帝泰始七年割交廣三郡以立越州，其地已非《交州》領屬，而《記》稱徐聞，知其作於晉末宋初矣。

裴淵廣州記㐅　本書引裴淵《廣州記》六條。案裴淵《廣州志》：《隋書》《經籍志》不著錄，《水經注》及諸類書多引之。淵字里未詳。據《太平御覽》所引考之：《鱗介部》（六）引晉興郡蚺虵嶺條，晉興爲晉元帝太興元年分鬱林所立郡。《藥部》（二）引鄣平縣有朱沙塘條，鄣平屬蒼梧郡。

《宋書》《州郡志》：蒼梧郡無鄣平縣，當是晉末宋初所省。淵蓋東晉時人也。

顧微廣州記七　本書引顧微《廣州記》七條。案顧微《廣州記》：《隋書》《經籍志》不著錄，惟《藝文類聚》《太平御覽》諸書引之。微字里未詳。以本書所引平興縣有花樹及熙安縣有孤古度樹條考之：平興屬宋熙郡，據《宋書》《州郡志》云「《徐志》新立」當是孝武帝建武大明中所立。熙安縣屬南海郡，《宋志》云「文帝立」。則其書當作於宋末矣。又案本書引裴顧兩《記》十三條外，尚引《廣州記》十三條。其文與諸類書引裴顧之《記》亦復大略相同，然不可據以定其主名。緣自晉室南遷以降，史部之作盛極一時。名王勳臣坐鎮一州，莫不蓄客撰記。寒門豪族偶具文籍，即思奮筆著書。若王隱虞預之撰《晉書》，范汪盛弘之之作《荊州記》，其事尤顯然可案也。則其採撮舊籍，固不免互爲襲竊。綜緝遺文，亦無從定其所出。如本書引顧《記》云「古度樹葉如栗而大如枇杷。無花。枝柯皮中生子，似杏而味酢。取煮以爲粽。取之數日不煮，化爲飛蟻」。《御覽》（《木部》九）引裴記云「古度葉如栗，無花。枝柯皮中生子，子似櫨而酢。煮以爲粽。數日不煮，化爲飛蟻」。足見顧之襲裴，亦僅點易字句而已。是故以此十三條附諸顧《記》之後，不復爲之考定，以免差違紛惑之失焉（案章宗源《隋書經籍志考證》引《御覽地部》劉澄之《廣州記》新城縣東俱山條，然《御覽》此文實作劉澄之《揚州記》，未悉章氏所據何本。且新城屬揚州吳郡具見史《志》，廣州亦無新城之縣。章氏考證，不辨地理，往往如此，殊可怪也）。

竺法眞登羅浮山疏七　本書引竺法眞《登羅浮山疏》二條。案竺法眞《登羅浮山疏》：《隋書經籍志》不著錄，《藝文類聚》《太平御覽》並引作竺法眞《登羅山疏》。據《元和郡縣志》（《嶺南道》《循州》）引袁彥伯《羅浮山記》云：「羅浮山在博羅縣西北，羅山之西有浮山，蓋蓬萊之一阜，浮海而至，與羅山並體，故曰羅浮」。則羅浮原爲二山，因其並體對峙遂並稱之。而以法眞登山撰《疏》記其名勝，二山並擅靈蹟自不專疏羅山。似賈君所引當得其本，類書之作羅山蓋爲省稱也。

謝靈運遊名山志七　本書引《遊名山志》一條。案《隋書》《經籍志》《遊名山志》一卷，注云「謝靈運撰」。然《宋書》《謝靈運傳》不言靈運有《名山志》。惟云：「少帝即位，出爲永嘉太守。郡有名山水，靈運素所愛好。出守既不得志，遂肆意游遨。徧歷諸縣，動逾旬朔。在郡一週，稱疾去職」。又云：「靈運以疾東歸（會稽始寧縣），因父祖之資，鑿山浚湖，功役無已。尋山陟嶺，必造幽峻。巖障千重，莫不備盡。嘗自始寧南山伐木開徑，直至臨海」。則永嘉會稽兩郡名山水，靈運固嘗徧歷而盡遊之。而以本書所引步廊山羅勒條考之：《太平寰宇記》溫州瑞安縣有步廊山，謂「在州東北，見謝公《名山志》」。瑞安在劉宋爲安固縣，屬永嘉郡，即靈運出守永嘉時之所遊者也。又《文選注》（謝靈運《南樓中望所遲客詩》）引始寧南樓對橫山條，始寧爲靈運東歸所居之縣，屬會稽郡，即其山居時之所遊者也。然則靈運之《志》，乃記其前後所遊永嘉會稽兩郡之山者也。

南方記七　本書引《南方記》七條。案《南方記》：《隋書》《經籍志》不著錄，《太平御覽》《經史圖書綱目》有徐衷《南方記》即其書也。衷字里未詳。以本書所引諸條考之，爲記交阯九眞武平興古四郡草木形狀。此四郡南朝屬交寧二州，蓋以地處江左之南故以南方稱之。然據《御覽》（《

鱗介部》十三）引馬軻贏白蛛蜯諸條，則又兼及水族而不盡為草木之記者也。

南方草物狀七　本書引《南方草物狀》十六條。案《南方草物狀》：《隋書》《經籍志》不著錄，惟《藝文類聚》《太平御覽》引之。然《御覽》《經史圖書綱目》有徐衷《南方草木狀》，陳振孫《直齋書錄解題》有晉嵇含《南方草木狀》一卷，均無《南方草物狀》。又案《御覽》各部所引：或稱《南方草物狀》，或稱《南方草木狀》，似原有《草物》《草木》二狀。今據本書與《御覽》所引《南方記》及《南方草物狀》諸條反復考之：疑嵇書名《南方草物狀》，而徐記名《南方草木狀》。然《御覽》各部所引，不免以草木草物二名互誤。如本書引椰鬼目橄欖由梧竹四條，《御覽》《竹》《果》兩部所引均誤作《南方草木狀》。而《鱗介部》（九）引徐記白鱓條，又誤作徐衷《南方草物狀》。蓋據《御覽》此引白鱓條及徐衷《南方記》馬軻贏諸條言之，兩書同出徐衷又同於草木之外兼記水族。則《南方記》似即《南方草木狀》，而本書所引《南方草物狀》當即嵇含一卷之書。亦以《御覽》綴合前人類書不免異名歧出，賈君所引多見原本不致誤分為二也（如本書引都咸條，《御覽》引《南方記》之文即不相應。斯亦可證其為嵇書而非徐記也）。至今本嵇含《南方草木狀》乃後人撮緝類書成之，間或誤入徐記之文，宜其不與本書所引者相應矣。

異物志七　本書引《異物志》十九條。案《隋書》《經籍志》《異物志》一卷，注云「後漢議郎楊孚撰」。據《後漢書注》（馬融傳）引楊孚《異物志》鸝生雛條，《太平御覽》（《羽族部》十）引作《異物志》，似《御覽》之引《異物志》即楊孚《異物志》也。然《御覽》《經史圖書綱目》有曹叔雅李膺陳祁暢三種，獨無楊孚《異物志》。考本書所引橘樹等九條，其文皆與《御覽》竹果諸部引《異物志》者同。惟甘藷益智餘甘三條，《御覽》（《果部》）引作陳祁暢《異物志》。又三廉條，《御覽》引陳《志》之文小異。疑楊書久佚，《御覽》已不及收。陳錄楊《志》成書，不免詳略之異。而賈君身居北地，或猶及見楊《志》全帙也。蓋據本書所引各條言之，皆記江南以及交阯九眞諸郡之物。以居河洛而論，固其所謂異物也（案《唐書》《經籍志》作《交州異物志》）。

南州異物志七　本書引《南州異物志》四條，《南方異物志》一條。案所引《南方異物志》二條，《太平御覽》竹及果部引作《南州異物志》。知南方即南州之譌，猶《南中八郡志》之誤作南州也。又案《隋書》《經籍志》《南州異物志》一卷，注云「吳丹陽太守萬震撰」。以本書引「木有摩廚生於斯調國」句考之：《御覽》（《木部》九）引《異物志》作斯調州，蓋先洲而後謂之國也。又據《御覽》（《四夷部》八）引萬震《南方異物志》云「斯調國又有中洲焉」（此亦誤南州爲南方，惟《綱目》尚不誤），則本書所引《南州異物志》當即萬震之《志》矣。惟《御覽》引萬震《南方異物志》此條之前，復出《南州異物志》一條。又似原有二書一稱南州一稱南方者，殊不可解也。

臨海異物志七　本書引《臨海異物志》十六條。案《隋書》《經籍志》《臨海水土物志》一卷，注云「沈瑩撰」。《唐書》《經籍志》作《臨海水土異物志》。《太平御覽》《經史圖書綱目》又作《臨海水土志》，《臨海水物志》。今據諸書所引考之：或稱《臨海水土志》，或稱《臨海異物志》，或稱《臨海水土物志》。似瑩書原名《臨海水土異物志》，以類書省稱遂見歧異。而《御覽綱目》中以

《水土》《水物》分列二目，及李善《文選注》《江賦》一篇之中疊出《臨海異物》及《水土物》之名者，知其撮緝類書舊注而未見原書也。

林邑國記亡　本書引《林邑國記》一條。案《隋書》《經籍志》《林邑國記》一卷，不著撰人名氏。考林邑國本漢日南郡象林縣，自漢末功曹區達殺縣令以立國，及東晉永和以後頻寇日南九德諸郡，至宋文帝使檀和之伐之始止。今案《太平御覽》（《鱗介部》九）引《林邑國記》范文鱧魚化鐵事，《梁書》《諸夷傳》已備載之。而《齊書蠻夷傳》記述《文》事殊略，殆未見是《記》也。以蕭子顯《齊書》作於梁武帝時，則是《記》之出或後於《齊書》矣。

西域諸國志亡　本書引《西域諸國志》一條。案《西域諸國志》，《隋書》《經籍志》不著錄。《太平御覽》《經史圖書綱目》載其目，而卷中引有釋道安《西域志》，殆即其書歟。

十洲記存　本書引《十洲記》一條。案《隋書》《經籍志》《十洲記》一卷，注云「東方朔撰」。今本作《海內十洲記》，十洲後並附有滄海島方丈洲扶桑蓬丘崑崙五條。本書引扶桑椹桑條即在所附五條中，知其原本如是而非後人附益者也。

神異經存　本書引《神異經》七條，中有張茂先注者二條。案《隋書》《經籍志》《神異經》一卷，注云「東方朔撰，張華注」。今本《神異經》卷帙題名悉同，本書所引諸條亦悉在卷中。據今本考之：蓋分方隅八荒合中而九以廣大荒四經之紀，而其恢怪振奇益爲不經者也。

外國圖亡　本書引《外國圖》一條。案《外國圖》：《隋書》《經籍志》不著錄。《水經注》及

《藝文類聚》《太平御覽》諸書引之。據《史記正義》（《秦本紀》）引吳人《外國圖》亶州條，似其書爲孫吳時人作。而《御覽》（《四夷部》十一）引三苗條又與郭璞《山海經》（《海外南經》）之注同，殆即郭據而爲之說者歟。

玄中記ㄜ　本書引《玄中記》四條。案《玄中記》：《隋書》《經籍志》不著錄，《初學記》《太平御覽》引有郭氏《玄中記》當即其書也。《路史注》以《御覽》（《獸部》十七）引狗封氏條與郭璞《山海經》（《海內北經》）注同，斷其書爲景純之作。今案諸書所引各條考之：《御覽》（《人事部》二）引丈夫民條，其文與郭璞《山海經》（《海外西經》）注同。《水經注》（《江水》）引陽新男子條，陽新晉縣屬武昌而爲吳立郡時所置。此其時世先後固與景純相應，而其爲說亦復一同。然據《御覽》（《地部》十二）引吳西包山條，謂洞庭寶室通琅邪東武。東武之屬琅邪，漢世爲然。至於晉初業已改隸城陽，景純偏居江左不得作漢世語也。又《御覽》（《鱗介部》十四）引北海之蟹條，謂舉螯加於山而身故居水中。郭璞注《山海經》（《海內北經》）大蟹在海中不復及此，祇云「蓋千里之蟹」。則《玄中》之記，當非出自景純。以其所記頗與《外國圖》相似，又頻稱漢世云云，疑亦吳人所作，故其文猶襲漢郡縣領屬之舊也。

世本ㄜ　本書引《世本》一條。案《漢書》《藝文志》《世本》十五篇，注云「古史官記黃帝以來訖春秋時諸侯大夫」。《隋書》《經籍志》有《世本王侯大夫譜》二卷，無撰人名氏。據《史記索隱》（《集解序》）引劉向曰：「《世本》，古史官明於古事者之所記也，錄黃帝以來帝王諸侯及卿大夫系謚名號，凡十五篇」。則《世本王侯大夫譜》即十五篇之《世本》，以專記王侯大夫之系謚名號故謂之譜也。然《隋志》別有劉向撰《世本》二卷，宋衷撰《世本》四卷。宋衷撰者當是注文，劉向之撰疑即秘閣校錄新書。其書二卷與《世本王侯大夫譜》同，二本並行孰爲十五篇之原書殊不可考。第據《顏氏家訓》（《書證篇》）謂《世本》有燕王喜漢高祖，及《史通》（《外篇》）謂自古帝王終乎秦末號曰《世本》。則與《漢志》云古史官記及訖春秋時之語弗應。似南北朝及隋唐所行《世本》已非漢十五篇之舊矣。其篇名據清章宗源所考：有《帝繫篇》，有《氏姓篇》，有《作篇》，有《居篇》，有《謚法篇》。本書所引「垂作耒耜，垂神農之臣也」，當在《作篇》中。而「垂神農之臣也」句，蓋即宋衷之注也（案《顏氏家訓》謂「《世本》左丘明所書」，又注云「此說出皇甫謐《帝王世紀》」。然劉向班固均稱古史官所記，其出蓋已不可案考，特以譜牒掌於史官而歸之耳。謐生於百年後，轉知其出左氏，何耶。以意度之：殆由謐讀《漢書》弗明，誤以《司馬遷傳贊》敘左丘明集本事又纂異同及又有《世本》三事爲一條，遂以又有爲左氏又有矣）。

晉宮閣簿亡　本書引《晉宮閣簿》一條。案《晉宮閣簿》，《隋書》《經籍志》不著錄。《太平御覽》《經史圖書綱目》有《晉宮閣名》、《晉宮閣記》，卷中所引又有《晉宮闕名》，獨無《晉宮閣簿》。其爲閣名與記，抑爲闕名，蓋難考矣。

竹譜存　本書引《竹譜》二條，其一條譌作《筍譜》。蓋《筍譜》乃趙宋僧贊寧撰，在賈君後也。案《隋書》《經籍志》《竹譜》一卷，無撰人名氏。《唐書》《經籍志》云「戴凱之撰」。今本《竹譜》一卷，題晉戴凱之撰。晁公武《郡齋讀書志》云「凱之字慶豫，武昌人」。案《宋書》《鄧琬傳》云「琬遣武昌戴凱之爲南康相，世子率衆攻之，凱之戰敗遁走」，當即其人。而以書中引徐廣《雜記》證之，廣卒於宋文帝元嘉二年，其時亦先後相應也。然則當云宋人，不可謂之晉矣，又案今本竹譜，文皆四言韻語，並各有注。本書卷五所引棘竹各笋及卷十引雞脛竹笋悉見卷中。然皆約引注中語，非其本文也。

魏王花木志亡　本書引《魏王花木志》一條。案《隋書》《經籍志》不著錄，《太平御覽》《經史圖書綱目》有其目。魏王未詳。據諸書所引各條考之：其書所引有《南方記》《南方草物狀》及《交州記》諸書，皆晉末宋初人之作，則其人當在齊梁間。案《北史》《廣陵王羽傳》云：「恭兄欣，孝武時復封廣陵王。欣好營產業，多所樹藝。京師名果，皆出其園」。考欣卒於恭帝世，時當南朝梁室末年。則所謂魏王者，殆即欣歟。

子部

孟子存　本書引《孟子》及注共十一條，皆與今趙歧注本同。惟本書卷一引《孟子》諺曰「雖有智惠，不如乘勢。雖有鎡錤，不如待時」，今趙注本（《公孫丑篇》）諺曰作齊人有言曰。據趙注云「齊人諺言也」（本書引趙注不引此語），似原文當作齊諺曰，故趙以齊人諺言解之。如《梁惠王篇》晏子引夏諺曰，趙注云「晏子道夏禹之世民之諺語也」。其以夏民諺語解夏諺，正與本條以齊人諺言解齊諺同。本書所引諺上或奪一齊字，殆爲後世傳抄偶脫之誤。亦以賈君引書雅具規度，雖間有省節約舉之文，決無妄改古書之理也。至今本《孟子》作「齊人有言曰」，當爲後人別據他本所改，致令本文與趙《注》不復相應。斯亦可見賈君之世，經傳猶多善本。唐宋以降，始漸有竄改也。

桓寬鹽鐵論存　本書引《鹽鐵論》三條。案卷三引「桃李實多者來年爲之穰」句，今本《鹽鐵論》（《非鞅篇》）桃李作李梅，穰字作衰。據下文云：「新穀熟者舊穀爲之虧，自天地不能兩盈而況於人事乎。故利於彼者必耗於此，猶陰陽之不並曜晝夜之有長短也」，其字似當作衰。然考《藝文類聚》（《果部》）《太平御覽》（《果部》四）所引已作穰，則六朝以來相傳之本已如是，非關後世傳抄之誤也。

譙子亡　本書引《譙子》一條。案《隋書》《經籍志》有《譙子法訓》八卷，注云「譙周撰」。又云「梁有《譙子五教志》五卷，亡」。賈君引《譙子》，宿勤菜盈，勉於自力，近於訓教之辭。其爲《法訓》，抑出《教志》，蓋難考矣。

楊泉物理論亡　本書引楊泉《物理論》四條。案《隋書》《經籍志》云：「梁有楊泉《物理論》十六卷，晉徵士楊泉撰，亡」。《唐書》《經籍志》復見著錄。蓋亦南朝梁亡後失之，北地流傳未絕，至唐初徵書始復得出也。復據宋後書目弗見著錄，則其書實亡於唐末宋初矣。泉字德淵。案《晉錄》（《北堂書鈔》六十三引）稱會稽相朱則上書言楊泉清操自然，徵聘終不就，詔拜泉郎中云云。及《藝文類聚》引泉諸賦稱吳或晉初，《隋志》著錄《晉處士楊泉集》。則泉爲吳之會稽人，晉初徵拜郎中而弗就者也。然據《御覽》（《地部》）引泉《物理論》云「余昔在會稽，仰看南山」，又（《學部》）

引云「虛無之談尙其華藻，無異秋蟬聒耳」，殆泉因徵薦北上而著書中朝者歟。

文子存　本書引《文子》一條。案《隋書》《經籍志》，《文子》十二卷，注云「《七略》有九篇，梁《七錄》十卷，亡」。揆其意：似謂《七錄》十卷之本已亡，而《志》所著錄之十二卷非其舊帙也者。今以本書所引之條考之，其文見今本《上德篇》而字句悉同。則今本十二卷，故是北地流傳之本矣。惜賈君引「秋風下一夕而零」句下有「非時者功難立」六字注文，不知其爲何人之注也。

列子存　本書引《列子》一條，其文與今張湛《注》本同，疑即用張湛本。蓋《列子》書已亡佚，晉室南遷後，湛始鳩集爲注以行於世，故南朝北地所傳者皆此本也。

司馬彪莊子注亡　本書引《莊子》及司馬彪《注》一條。案《隋書》《經籍志》《莊子》十六卷，注云「司馬彪」注，本二十一卷，今闕」。然考諸所引彪注《莊子》，乃其全書五十二篇，不應祇爲二十一卷。似其書散遺已久，傳本僅得其半耳。又案本書所引二條均在《逍遙遊篇》：一引楚之南有冥泠句附注云「一本作靈」，今郭象注本正作冥靈，則其本文作泠者當是彪注之本。又引大椿句彪注云「本堇也，一名蕣椿」，《經典釋文》引司馬云「一名舜，舜木槿也」，字有从草从木之異。據《說文》草部云蕣木堇，則彪本《說文》爲說例應从草矣。蓋賈君所見原非一本且多善本，故其取舍得宜也。

郭象莊子注存　本書引《莊子》及郭象《注》一條，其文與今郭象《注》本同。兼附音切：云莽忙補反，云齊在細反，爲今本所無。然據《經典釋文》云「齊才細反，司馬如字」，則固象《注》本之音矣（《隋志》有郭象《莊子音》三卷）。

抱朴子存　本書引《抱朴子》二條，其文弗見今本《抱朴子》。案《隋書》《經籍志》子部道家著錄《抱朴子》內篇二十一卷，雜家著錄《抱朴子》外篇云梁有五十一卷，則原書內外共七十二卷也。今本抱朴子內篇二十卷，外篇五十卷。視《隋志》《七錄》所記，有兩卷之差。據今本考之：內篇二十卷共二十篇，其外別有《序》一篇，則《隋志》二十一卷，蓋合序一篇而總計之也。外篇五十卷，分五十一篇，合《自敘》一篇爲五十二，其篇卷與《隋志》所記皆弗相應。案《晉書》《葛洪傳》引洪《自序》云：「故予所著子，言黃白之事，名曰內篇。其餘駁難通釋，名曰外篇。大凡內外一百一十六篇」。以一百一十六去內篇二十一，餘九十五當爲外篇之篇數。則今本外篇雖存五十卷，而其篇之脫失者殆已近半。復以諸書所引各條考之，其遺篇之存者尚有《軍術篇》，而失篇題之佚文亦不下數十百條。然則今本外篇之非完帙已無可疑，而本書所引二條弗見今書者其爲外篇佚文亦可從之而定矣（按《抱朴子》外篇原自爲書。據其《自敘》謂內篇屬道家，外篇屬儒家。隸別家數，本自分明。《隋志》列諸雜家，殊嫌更張。茲爲考證本書所引之條，故合內外兩篇統而論之。並依內篇列之道家，以外屬內庶免紛淆）。

管子存　本書引《管子》六條。其文與今本《管子》微異：如卷十引「桓公北伐山戎，出冬葵布之天下」，今本《管子》（《戒篇》）無「桓公」二字而「出冬葵」作出冬菍與戎叔。案桓公二字爲賈君引書增加之目文，以其事本繫於桓公也。無與戎叔三字者，爲賈君省刪以就其所出之葵目也（《御覽》《百穀部》五豆條引此文而刪冬菍二字亦與此同）。惟葵菍二字，差異殊甚。然《太平御覽》（《菜部》四）引此文作葵與本書引者同，而《詩正義》（《生民》）《爾雅疏》（《釋草》）引璞又說「《管子》亦云北伐山戎出冬葱與戎菽布之天下」亦與今本《管子》同。則郭璞賈君所見當非一本矣（本書引出冬葵出字誤作世，案漢鄭固碑孔龢碑世字作𠀑，則其字亦因古隸變體致譌者也）。又卷一引「爲國者使農寒耕而熱芸」句，今本《管子》（《事語篇》）熱字作暑。案熱暑二字於義雖得兩通，然考《藝文類聚》（《歲時部》）《御覽》（《時序部》）均引作熱且均隸於《熱類》。則今本《管子》作暑當出後人所改，而非關兩本之異文矣。

崔寔政論亡　本書引崔寔《政論》一條。案寔字子眞，《後漢書》《本傳》稱其明於政體，論當世便事數十條，名曰《政論》。指切時要，言辯而确，當世稱之。仲長統曰凡爲人主宜寫一通，置之坐側。其辭云云。則寔《政論》有數十條，《傳》所錄者特其一耳。又案《隋書》《經籍志》載崔寔《正論》六卷，注云「漢大尚書崔寔撰」。《正論》即《政論》也。然云《政論》而《隋志》又錄入法家，則當爲法政理亂之言如《本傳》之所載者。今本書所引乃泛論趙過犁耕之事，殊與《本傳》《政論》之辭弗應。意者：寔爲五原太守教民紡績實多善政，此其教民之訓令。而後人以之附諸《政論》數十條之後，致《政論》有六卷之多歟。又案《寔傳》云「服竟，召拜尚書。寔以世方阻亂，稱疾不視事，數月免歸」。考漢官：尚書令一人，尚書六人。《傳》云尚書當在六人之數，隋志云「大」似當爲尚書令。而《傳志》題記弗合，殊不可解也。

呂氏春秋存　本書引《呂氏春秋》九條，高誘《注》一條，正文兼注者六條，共合十六條。其文與今本《呂氏春秋》異者：卷一引《任地篇》「冬至後五旬七日菖始生」句及注，菖字作昌。案《廣雅》（《釋詁》）云：「昌，始也」。則菖蒲正因其先百草生而名，其本字自當作昌矣。又引《辯土篇》「長也欲相與居」句，居字作俱。案俱謂偕合，故誘注以「相依」釋之。今本作相居，則語不可通矣。此皆後人臆改《呂覽》原文，而可據本書所引以正之者也。至卷十菜茹類芹下引菜之美者有雲夢之芹句，荳下引菜之美者有雲夢之荳句。今本《呂氏春秋》《本味篇》，菜之美者下有雲夢之芹而無荳。惟《說文》草部荳字下云「菜之美者雲夢之荳」，與本書同。以《說文》芹云楚葵，荳云類蒿，均弗引雲夢之芹，似許慎所見本芹字作荳。而賈君兩引芹荳，殆一出原書而一據許說歟。

許慎淮南子注亡　本書引許慎《淮南子》注一條。案《隋書》《經籍志》著錄《淮南子》，有許慎《注》及高誘《注》兩本。今本《淮南子》舊題許慎注，卷首敘文即是高誘。故近刻本悉改題高誘注。今以本書所引慎注「在樹曰果，在地曰蓏」句，傳本《淮南子》《時則訓》注作「有覈曰果，无覈曰蓏」（《影宋本》），已可證知其非慎《注》。而據《呂氏春秋》（《仲夏紀》）高誘《注》云：「有覈曰果，無覈曰蓏」，與傳本《淮南注》同。及《說文》草部蓏下云：「在木曰果，在地曰蓏」，與本書引慎《注》同。其爲誘注而非慎解，尤顯然而無疑也。

高誘淮南子注存　本書引《淮南子》十三條，中有高誘注者九條。其異文足以訂正今本譌衍者：如《自序》引《修務訓》「是故禹之爲水以身解於陽盱之河，湯旱以禱於桑山之林」句，「禹之爲水」作禹爲治水。「湯旱」作湯由苦旱。「桑山之林」作「桑林之祭」。案此二句裴松之《三國志注》（《

蜀志郤正傳》）引作禹爲水，湯苦旱（《文選注》同）。《太平御覽》（《皇王部》七）引作禹爲水，湯爲旱。而「桑山之林」，則均作桑林之祭與本書引者同。據《注》云「爲治水解禱，以身爲質」。原文當作「禹爲治水」，與下「湯由苦旱」相對爲文。蓋裴《注》《御覽》均脫治字。湯下裴脫由字，《御覽》則脫由苦二字而又據上文妄補「爲」字耳。桑林之祭據《主術訓》「湯之時七年旱，以身禱於桑林之際」。祭際古通，文可互證。今本作「桑山之林」者，據《御覽》引作「桑山之下」，蓋舊本譌祭作下，校者又據注「桑山之林」句而改之也。又卷一引《泰族訓》「省事之本在於節用，節用之本在於反性」句，兩節用字均作節慾。案此文亦見《詮言訓》，其字亦作節慾。據本書所引「節止慾貪」注（此注傳本無，止原譌上今正），則原文正作慾而今本節用字殆後人所臆改也。其引注文足以補正今本譌脫者：如上條引《泰族訓》在於勿奪時句有注云「言不奪民之農要時」，在於節慾句有注云「節止慾貪」。又卷二引《泰族訓》籬先稻熟句注云「籬水稗」，卷七引《詮言訓》賈多端則貧工多伎則窮句注云「賈多端非一術，工多伎非一能，故心不一也」。此皆傳本所脫，而僅存見於本書者也。若今本《淮南子》所無而宋本有者，爲出明刻省刪則更不值論矣。然本書所引之注亦間有與傳本之注大異者：如卷一引《主術訓》四海雲至而修封疆句注云「四海雲至，二月也」宋本《淮南子》作「立春之後四海出雲」。案下文云「蝦蟆鳴」，云「燕降」，皆以候言。則此云「四海雲出」（傳本海下有之字）亦當爲候，不得以出雲解之。惟《注》以燕降爲三月，乃據《月令》季春開通道路而言。則此謂立春之後，正據孟春皆修封疆爲說。賈君引作二月，殊弗可解。又引大火中即種黍菽注云「大火昏中六月」，虛中即種宿麥注云「虛昏中九月」。傳本注云「大火東方蒼龍之宿，在四月建巳，中南方」，云「虛北方玄武之宿，在八月建酉，中於南方也」。不惟文句有異，即其月建亦復全乖。案大火即心宿。心昏中在季夏，虛昏中在季秋。具見《呂覽》《月令》《淮南》《時則》，而其爲六月九月固與賈君引注合也。今傳本謂在四月建巳八月建酉，亦殊弗解。意者：賈君以注文未合別自撰注易之，或傳本失其舊注後人更以意補之耶。是雖不可確知其故，要亦弗外於此之二說矣。

應劭風俗通義存　本書引《風俗通》二條。案《隋書》《經籍志》《風俗通義》三十一卷，注云「錄一卷」，又云「梁三十卷」。《唐書經籍志》云三十卷，《宋史》《藝文志》云十卷。今本《風俗通》十卷，與《宋志》著錄者同。蓋自唐以來歷有散遺，至宋而僅存三之一也。今案本書卷十引除夕飾桃人條見今本卷八《祀典》中，而卷六引俗說雞本朱公所化條則不見於卷中。據《初學記》（《鳥部》）及《太平御覽》（《羽族部》五）引其文，蓋在所佚之二十卷中矣。

仲長子昌言亡　本書引《仲長子》四條。案《隋書》《經籍志》《仲長子昌言》十二卷，注云「漢尚書郎仲長統撰」。據《後漢書仲長統傳》謂尚書令荀彧聞統名，奇之，舉爲尚書郎。後參丞相曹操軍事。每論說古今及時俗行事，恆發憤歎息。因著論，名曰《昌言》，凡三十四篇，十餘萬言云云（案《三國志》《劉劭傳》注引繆襲《昌言表》云「二十四篇」，此誤二作三）。則《昌言》十二卷，爲三十四篇也。本傳載其《理亂損益法誡》三篇，文亦略取而非其全。本書所引諸條弗見三篇中，則其篇目蓋難考矣。

張華博物志存　本書引《博物志》十四條，見於今本《博物志》者僅九條。案《隋書》《經籍志》《博物志》十卷，注云「張華撰」。《晉書》《張華傳》亦云著《博物志》十卷。今本《博物志》十卷，與《本傳》《隋志》雖合。而據清《四庫書提要》所考，已非六朝及唐宋人所見之本。今以本書所引諸條考之：如卷十引張騫使西域還，得安石榴胡桃蒲桃諸句。李善《文選注》（《閒居賦》）引作張騫使大夏得石榴，李廣利爲貳師將軍伐大宛得蒲桃。則唐世十卷之本已非賈君所見之原書矣。又案《太平御覽》（《果部》）《石榴類》引云：「張騫使西域還，得安石榴」。《胡桃類》引云：「張騫使西域還，得胡桃」。《蒲萄類》引云：「張騫使西域還，得蒲萄」。其文雖異作三條，實與賈君所引者合。而今本《博物志》卷六《物名考》作「張騫使西域還，乃得胡桃種子」。其爲後人據《御覽》採撮成之，而又遺其《石榴蒲萄》二類之文，固顯然可見也。然《御覽》所引各條，亦非錄自原書。如本書卷四引櫻桃者或如彈丸，或如手指云云。據《藝文類聚》（《菓部》）所引，者上當有大字，而傳本偶遺也。《御覽》（《果部》六）引作櫻桃或如手指云云，竟去「者或如彈丸」五字。知其文即襲取本書所引，而以者字不詞遂刪其五字也。然則其於《石榴》《胡桃》《蒲萄》三類所引之文，爲據本書所引而分割爲三者，又可不辨而明矣。

郭義恭廣志亡　本書引《廣志》六十四條，其一云郭義恭《廣志》。案《隋書》《經籍志》著錄《廣志》二卷，注云「郭義恭撰」。其字里時代未詳也。以本書所引諸條考之：卷二引遼東赤粱云「魏武帝嘗以作粥」，當在曹魏後矣。又卷四引「安平信都大棗」及梁國睢陽齊國臨淄出梨諸條。考信都漢縣屬安平國而晉因之，至北魏乃改國爲長樂郡。而梁齊二國皆漢所置，亦至北魏南宋始改爲郡。斯亦可證其爲晉人也。惟所引「東郡穀城紫棗」句，穀城東漢屬東郡，至晉改隸濟北國，殊與世代弗合。且據《宋書》《州郡志》穀城令注云「晉《太康地志》屬濟北」，及《晉書》《荀勖傳》云「武帝受禪，改封濟北郡公，乃固辭爲侯」，則濟北爲勖所封侯國，而勖卒於太康十年，穀城之屬濟北固當晉武帝時而與《太康地志》相應也。以意度之：殆勖初封猶沿漢世郡國領屬之舊，其後廢東郡乃分穀城以隸濟北。推其改隸之始，其在太康元年平吳之後論功增封之日歟。若然：則可以補史傳之缺，而義恭撰《志》之年亦有以定矣。

皇覽七　本書引《皇覽冢記》一條。案《三國志魏文帝紀》云：「初帝好文學，以著述爲務，自所勒成垂百篇。又使諸儒撰集經傳，隨類相從，凡千餘篇，號曰《皇覽》」。又《劉劭傳》云：「黃初中爲尚書郎散騎侍郎，受詔集五經羣書以類相從作《皇覽》」。《楊俊傳》裴《注》引《魏略》云：「王象字羲伯。魏有天下，拜象散騎侍郎，遷爲常侍。受詔撰《皇覽》，使象領秘書監。象從延康元年始撰集，數歲成，藏於秘府。合四十餘部，部有數十篇，通合八百餘萬字」。延康元年即漢建安二十五年也，其年十月魏受禪改爲黃初元年。則文帝詔諸儒撰集《皇覽》實在受禪之前，而王象劉劭即被詔撰集者也。據《紀傳》所載考之：其書分部分篇，篇乃指其部中所分之目類，蓋以分目類事之文自成一篇也。今所傳唐宋類書皆分部爲總綱，而於各部之中復列子目，當即沿襲《皇覽》之舊。據《紀》《傳》謂「合四十餘部」，「凡千餘篇」。以考諸類書之分部者：《北堂書抄》十九部，《初學記》二十三部，《藝文類聚》四十五部，《太平御覽》五十五部。雖其爲部分合盈縮不同，要亦不外據《皇覽》舊部而爲之也。如《北堂書抄》《藝文類聚》《太平御覽》三書，其《禮部》均有《冢墓》類，且均以其目殿諸本部之末。而本書所引《皇覽》《冢記》（《御覽》《經史圖書綱目》作《皇覽》《冢墓記》，則賈君所引特省墓字耳）當即諸書《禮部》之《冢墓》類，其爲四十餘部中之一篇與諸類書之所因襲皆可明矣。又案《隋書》《經籍志》載《皇覽》一百二十卷，注云「繆卜等撰」。又云「梁六百八十卷。梁又有《皇覽》一百二十三卷（《唐志》云一百二十二卷）。何承天合。《皇覽》五十卷（《唐志》云八十四卷），徐爰合」。則《皇覽》原書當爲六百八十卷，以《魏略》謂「通合八百餘萬字」，卷約得萬餘字固甚合也。何徐并合當是節略之本，蓋不惟并合部類，即其文句亦必有省刪，故僅得數十百餘卷也。然則《皇覽》原書亡於梁末，《隋志》著錄百二十卷爲省略之本。而賈君所見，其即何徐并合者歟。

氾勝之書　本書引《氾勝之書》二十二條，其一條云《氾勝之術》。案諸書所引通稱《氾勝之書》，惟鄭玄《周禮注》草人掌土化之法云「化之使美若《氾勝之術》也」與之同。據《漢書藝文志》著錄《氾勝之》十八篇，則原以其人名書猶諸子之以子起號者也。迨後人稱引其文，乃增著書字，或別加術字（此猶《漢志鄧析》二篇，後人稱爲《鄧析書》或《鄧析子》也）。又或云《氾勝之種殖書》（陸德明《爾雅釋文》），或云《氾勝之田農書》（李善《文選注》）。各隨自意爲稱，亦緣其書本無定名也。又案《漢志》本注云「成帝時爲議郎」，顏師古《注》引劉向《別錄》云「使教田三輔有好田者師之徙爲御史」。及《晉書》《食貨志》載太興元年詔云：「昔漢遺輕車使者氾勝之督三輔種麥而關中遂穰」。鄭樵《通志》（《氏族略》）云「漢有氾勝之爲黃門侍郎」。其職官時代之可言者，蓋僅具此矣。又案《隋書》《經籍志》云《氾勝之書》二卷，《唐書》《經籍志》同。而《宋史》《藝文志》馬端臨《文獻通考》均無其書。雖隋唐二卷之本是否十八篇之全書無可考論，而其書之亡於宋代固可斷以言之也。

范子計然亡　本書引《范子計然》二條。案《范子計然》：《隋書》《經籍志》不著錄，亦不著云「梁有」。惟《唐書》《經籍志》《五行類》有《范子問計然》十五卷，《新唐書》《藝文志》《農家》有《范子計然》十五卷，並注云「范蠡問，計然答」。又《馬總》《意林》有《范子》十二卷，注云「並是陰陽曆數也」。然考《漢書》《藝文志》祇《兵權謀》有《范蠡》二篇，而《農家》《陰陽》《曆譜》均無《范子計然》之書。據顏師古《漢書》《貨殖傳》《注》云：「計然，濮上人也。博學無所不通，尤善計算。嘗南遊，范蠡卑身事之。其書則有《萬物錄》，著五方所出皆述之。事見《皇覽》《晉中經簿》」。則計然書中有《萬物錄》，而本書所引「蜀椒出武都，秦椒出隴西」當即所謂「著五方所出」者也。據謂「事見《皇覽》《晉中經簿》」，則其書亦必出魏晉之前矣。《隋志》不注「梁有」者，殆因惠懷之亂，渠閣蕩覆而江左遂失其傳歟。然賈君所引自是北地流傳未絕之本，故至唐徵遺書而復出也。復合諸書所引各條考之，其書記述地道悉爲漢世郡縣。如云「綈出河東」（《太平御覽》《布帛部》三），云「醬出東海」（《北堂書鈔》《醬部》），以及武都隴西悉漢之郡也。云「玉英出藍田」（《文選》《西都賦注》），云「白青出新淦」（《藝文類聚》《藥草部》上），皆漢之縣也。其云「羅出齊郡」（《類聚》《布帛部》），云「石膽出隴西羌道」（《御覽》《藥部》四）。案東漢已改齊郡爲國，改羌道以屬武都。則其稱郡而以隴西領羌道，必在西漢之世矣（案《唐志》云《范子計然》十五卷，《意林》云《范子》十二卷，似唐世所傳已有二本之異。以意推之，《萬物錄》當爲全書之篇目。以之通合陰陽曆數爲十五卷，故《唐志》列之五行及農家。或析出《萬物錄》而爲十二卷，故《意林》云「皆陰陽曆數」也）。

崔寔四民月令亡　本書引崔寔《四民月令》四十七條。案《隋書》《經籍志》《四人月令》一卷（唐人避太宗諱所改），注云「漢大尚書崔寔撰」。考之《後漢寔傳》云：「出爲五原太守，五原土宜麻枲，而俗不知織績。民冬月無衣，積細草而臥其中。寔至官，斥賣儲峙，爲作紡織紝練縕之具以教之，民得以免寒苦」。不言其作《月令》。據本書所引諸條考之：蓋記民俗四時種植之術，以附著於本月，故謂之《四民月令》，亦古賢太守臨民之實政也。

陶朱公養魚經亡　本書引《陶朱公》《養魚經》二條。案《隋書》《經籍志》《農家》注云：「梁有《陶朱公》《養魚法》一卷，亡」。《唐書》《經籍志》《養魚經》一卷，注云「范蠡撰」。蓋即其書爲北地流傳未絕之本，至唐徵書而復出也。據《史記》《貨殖傳》稱范蠡既雪會稽之恥，變名易姓之陶爲朱公云云。則陶朱公爲范蠡寓名，而養魚造池之法固其所謂治生之術也。以本書所引之條考之，其書蓋依託朱公對威王問治生而作，故名《陶朱公》《養魚經》，猶《神農本草》《黃帝素問》不必作於神農黃帝也。《唐志》省稱《養魚經》，而云范蠡撰者誤矣。

陶朱公術亡　本書引《陶朱公術》一條。案《陶朱公術》，諸志無其目。據本書所引種柳千樹則足柴云云，當爲農田治生之術。今附諸農書後，以待續考（案本書又引陶朱公曰「子欲速富，當畜五牸」，其文見《孔叢子》《陳士義》篇。疑即據《孔叢子》，而非此書也。今以其不明著所出，故附而論之於此）

郭子亡　本書引《郭子》一條。案《隋書》《經籍志》《小說類》有《郭子》三卷，注云「東晉郭澄之撰」，疑即其書。澄之字仲靜，見《晉書本傳》。據《傳》云「爲劉裕相國從事中郎」，則在東晉末矣。

雜陰陽書亡　本書引《雜陰陽書》八條。案《漢書》《藝文志》《陰陽》家有《雜陰陽》三十八篇。據《志》云「拘者爲之，則牽於禁忌，泥於小數，舍人事而任鬼神」。而本書引禾忌乙丑，稷忌丑寅卯，穄忌未寅，豆忌卯午丙丁，麻忌四季辰未戌丑戊，麥忌子丑，稻忌寅卯辰諸忌，殆即其書而所謂禁忌者耶。

雜五行書亡　本書引《雜五行書》八條，皆趨避厭勝之術。如七日呑豆去病，舍南種棗宜桑，以及塗倉塞坎埋馬牙懸羊頭之類，正漢人所謂五行吉凶之說也。惜諸《志》弗載其目，無以考其卷帙撰人耳。

師曠占亡　本書引《師曠占》五條。案《漢書》《藝文志》《兵家》《陰陽類》有《師曠》八篇，然本書所引諸條皆主占農田之事似非其書也。又《小說家》有《師曠》六篇，據《後漢書》《方術傳序》師曠之書注云「占災異之書也，今書《七志》有《師曠》六篇」，則當爲小說六篇之書矣。又《隋書》《經籍志》《五行類》有《師曠書》三卷，而《雜占夢書》一卷下注云「梁有《師曠占》五卷，亡」。蓋其書六篇，王儉《七志》猶得其全，阮氏《七錄》已佚一篇，《隋志》三卷僅得其半耳。其占皆閭里日用之事，故米粟牛馬外兼及雜夢諸占。如《蘇竟傳》竟與劉龔書云：「論者若不本之於天參之於聖，猥以《師曠雜事》輕自眩惑」，正以其雜占而稱《雜事》也。然則《漢志》列諸小說，殆以其爲日用雜占歟。

淮南萬畢術七　本書引《淮南萬畢術》五條，中附注者二條。案《隋書》《經籍志》云「梁有《淮南萬畢經》一卷，亡」《唐書》《經籍志》有《淮南王萬畢術》一卷。蓋即其書，嘗亡於梁末，而北地流傳未絕，至唐徵書而復出也。又案《漢書》《淮南王傳》云：「淮南王安爲人，好書鼓琴。作爲內書二十一篇，外書甚衆。又有中篇八卷，言神仙黃白之術，亦二十餘萬言」。《劉向》《傳》云：「而淮南枕中《鴻寶苑秘》書，書言神僊使鬼物爲金之術，及鄒衍重道延命方」。以兩《傳》考之：似淮南中篇八卷，即枕中《鴻寶苑秘》書。而據《隋志》注稱梁有《墨子枕中五行要記》，《淮南萬畢經》，《淮南變化術》，《陶朱變化術》各一卷，又《淮南中經》四卷。五種合得八卷，適與中篇卷數合。疑中篇八卷，分《鴻寶苑秘》二部。以《內書》別稱《鴻烈》，似《中經》爲《鴻寶》，其四種爲《苑秘》也。蓋《墨子五行要記》原錄自《變化記》，《萬畢》《變化》《陶朱》亦間涉鬼物之術。中經之記，或即重道延命之方也。由是而言：《萬畢》一卷，當在枕中八卷之內。而諸書所引皆涉物理變化之秘，此其所以稱《苑秘》歟（案本書別引《淮南術》一條，其出《萬畢》，抑爲《變化》，殊弗可定。姑附於此，以俟續考）。

本草經亡　本書引《本草經》四條。案《隋書》《經籍志》有《神農本草經》三卷，又有《神農本草》八卷，注云「梁有《神農本草》五卷，亡」。蓋三卷爲其本經，五卷八卷乃後世附益之本也。其書原本已亡，今惟宋唐慎微《證類本草》中所載作陰文書者相傳是其原文。據《顏氏家訓》云「譬猶《本草》神農所述，而有豫章朱崖趙國常山奉高眞定臨淄馮翊等郡縣名出諸藥物，皆由後人所羼，非其本文也」。今以本書證之：卷二引「張騫使外國得胡豆」，固顯爲後世語矣。然考《漢書》云「成帝初立之明年副佐本草待詔七十餘人皆歸家」（《郊祀志》），云「平帝元始五年徵天下通知方術本草者」（平帝紀）。云「樓護誦醫書本草方術數十萬言」（《樓護傳》）。則西漢成帝時醫家已傳《本草》之書，不可以《漢書》《藝文志》未著錄而疑之也。蓋古人醫方術數之書本多口授，後世著錄竹帛始有傳本。傳之者隨事附益以廣其義，故漢事漢郡不免隨文並見。此固非後世僞作增竄者之比，而以考其時世亦當在西漢中葉矣。

吳氏本草亡　本書引《吳氏本草》六條。案《隋書・經籍志》云：「梁有華佗弟子吳普《本草》六卷，亡」。《唐書》《經籍志》有《吳氏本草因》六卷，注云「吳普撰」。蓋即其書，南朝亡於梁末，北地流傳未絕，至唐徵書而復出也。普漢廣陵人，見《後漢書》《三國志》《華佗傳》。

陶隱居本草亡　本書引《陶隱居本草》一條。案《隋書》《經籍志》云：「梁有《陶隱居本草》

十卷，亡」，當即其書也。然據陶弘景《本草序》云：「今以神農本經三藥三百六十五種爲主，名醫副品亦三百六十五種，合七百三十種。分別科條，區畛物類。兼注並《序》，合爲七卷」。則原書述《神農本草經》三卷，增廣名醫副品三卷，並其自《序》共爲七卷，而《志》云梁有十卷殊不可解。又《志》云「梁有陶弘景《本草經集注》七卷，亡」，云「《名醫別錄》三卷陶氏撰」。《集注》七卷與陶序合，而集注之言亦其所謂兼注者也。然則《集注》《別錄》本各分行，或合爲一書致有十卷之錄。《隋志》「梁有」，本諸《七錄》。而以阮氏著錄，采自各家，參校官簿，原未盡覩其書。則其參差重出，自所弗免。證以《唐書》《經籍志》，以《集注》七卷，《別錄》三卷，兩書分列。足見北地流傳即此分行之本，而賈君所引《隱居本草》之爲《本草經集注》當亦無疑。蓋弘景於句容之句曲山立館，自號華陽隱居，故世稱隱居而不以名也。

葛洪方亡　本書引《葛洪方》一條。案《晉書》《葛洪傳》記洪所著有《金匱要方》一百卷，《肘後要急方》四卷。《太平御覽》（《方術部》三）引晉《中興書》稱洪撰經用救驗方三卷號曰《肘後方》，又撰《玉函煎方》一百卷。《隋書》《經籍志》有《肘後方》六卷，《玉函煎方》五卷。雖卷帙多寡不同，要皆爲醫家之病方，與本書所引「居射工之地常養鵝，鵝見此物能食之，故鵝辟此物也」者弗合，疑其別爲一書也（又《唐書》《經籍志》有葛洪《神仙服食經》一卷，然養鵝以辟射工亦與服食無關也）。

神仙服食經亡　本書引《神仙服食經》二條。案《隋書》《經籍志》有《神仙服食經》十卷，《

唐書》《經籍志》有《神仙服食方》十卷，均不著撰人名氏。又《唐志》有《神仙服食經》十三卷，注云「京里先生撰」。《太清神仙服食經》五卷。又一卷，注云「抱朴子撰」。則兩《志》著錄，不惟經方錯出，卷帙亦異，當非一書矣。茲以本書所引考之：云「《七禽方》，十一月采旁勃，旁勃白蒿也」。又云「地榆一名玉札，北方難得」。考《太平御覽》（《百草部》四）引陸機《詩義疏》「《爾雅》曰皤蒿也，今白蒿是也，北海人謂之旁勃」，其釋正同。則據北海人謂白蒿爲旁勃，《七禽方》當出北海。而《服食經》以白蒿釋之，又云地榆北方難得，似爲南朝人作。殆即葛洪之《太清神仙服食經》歟。

養生論亡　本書引《養生論》一條。案《隋書》《經籍志》《道家》稱「梁有《養生論》三卷。嵇康撰，亡」。據《晉書嵇康傳》云：「康常修養性服食之事：彈琴詠詩，自足於懷。以神仙稟之自然，非積學所得。至於導養得理，則安期彭祖之倫可及。乃著《養生論》」。則康著論原爲服食，固《志》所謂保性命之術者也。附諸道家，似失其倫矣。又案《文選》載有康《論》一篇，本書所引雞肉不可食小兒云云不見篇中。蓋康《論》既出。時賢與之辯難往復，遂衍其文至於三卷，此或在續《論》中也。

要論亡　本書引《要論》一條，云「臘夜令持椒臥房牀傍，無與人言，內井中，除溫病」。《藝文類聚》（《歲時部》）引作《養生要》（《文選》《嵇康養生論注》《太平御覽》《經史圖書綱目》，均引有《養生要》），《太平御覽》（《時序部》十八）又作《養生要術》。案《隋書》《經籍志》有《

養生要術》一卷，無撰人名氏。本書所引，殆即其書歟。

養生經ㄜ　本書引《養生經》一條。案《隋書》《經籍志》有《養生經》一卷，無撰人名氏。宋《崇文總目》有《養生經》一卷，云陶弘景撰。殆即其書。然《梁書》《弘景傳》祇言其善辟穀導引之法，不謂著有《養生經》也。

食經ㄜ　本書引《食經》三十六條。案《隋書》《經籍志》有《崔氏食經》四卷，《食經》十四卷。又注云「梁有《食經》二卷，又《食經》十九卷，亡」。又《食經》三卷，注云「馬琬撰」。總合存亡，蓋已五部矣。《崔氏食經》：據《唐書》《經籍志》云「《食經》九卷，崔浩撰」，當即其書。考《魏書》《崔浩傳》云：「浩母盧氏，諶孫女也。浩著《食經敘》曰：余自少及長，耳目聞見，諸母諸姑所修婦功，罔不蘊習酒食。朝夕養舅姑，四時祭祀，雖有功力，不任僮使，常手自親焉。先妣慮久廢忘，後生無知見。而少不習業書，乃占授爲九篇。親沒之後，值國龍興。余備位台鉉，與參大謀。遠惟平生，思季路負米之時，不可復得。故序遺文，垂示來世」。則《崔氏食經》實出浩母盧氏，其書九篇而《隋志》著錄尚非其全也。餘三家無撰人姓氏，其詳已不可考。而《唐志》著錄又有不著名氏一卷，竺暄四卷，盧仁宗三卷。雖諸書不盡可考，要其所謂食經不外飲食養生兩端。如本書所引造酒藏果以及蒸熊炙丸之法，皆浩所謂婦功所修酒食之事者。其即出於《崔氏食經》歟。

食饌次第法ㄜ　本書引《食次》九條。案《隋書》《經籍志》有《食饌次第法》一卷，當即其書而本書省稱作《食次》也。惜《隋志》弗著撰人名氏，無以詳考。但據本書所引各條言之，當亦爲北地食饌之法矣。

家政法亡　本書引《家政法》九條。案《隋書》《經籍志》《醫方類》注稱：「梁有《家政方》十二卷，亡」。然本書所引皆各月中種植之事及養雞羊法，頗與崔寔《四民月令》相似而非醫方也。又案本書卷十引三月可種甘蔗，甘蔗爲南方物產。及卷六引伐牛莝有注云「四月毒草與莝豆不殊，齊俗不收所失大也」，當爲賈君注語。蓋其書爲南朝人作，故賈君以齊毒草說之也。

韋仲將筆墨方亡　本書引韋仲將《筆方》一條。案《太平御覽》《經史圖書綱目》有韋仲將《筆墨方》。考《魏志》《劉劭傳》注引《文章敘錄》云：「韋誕字仲將，有文才，善屬詞章」。又引《三輔決錄》云：「洛陽鄴許三都宮觀始就，命誕名題。誕以御筆墨皆不任用，因奏曰：夫工欲善其事，必先利其器。用張芝筆，左伯紙，及臣墨，皆古法。並此三具，又得臣書，然後可以逞徑丈之勢，方寸千言」。是仲將本善治墨也。其書蓋記作筆合墨之法，故稱《筆墨方》。本書爲引其作筆法，遂省稱《筆方》歟。

集部

王逸楚辭注存　本書引《楚辭》並《注》一條。其文見今王逸《注》本《招魂篇》。惟注「餦餭亦餳也」句，今本無亦字。

王逸集亡　本書引王逸賦二條，文一條。案《隋書》《經籍志》云「梁有《王逸集》二卷，《錄》

一卷，亡」，《唐書》《經籍志》云《王逸集》二卷。蓋逸集：南朝亡於梁末，北地流行未絕。故賈君得引其文，《唐志》復著於錄也。今案本書引「落疏之文」云王逸《瓜賦》。引「苑中牛柿」云王逸而弗詳其目，據《太平御覽》（《果部》八）引作王逸《茘枝賦》知亦賦也。惟所引張騫得大蒜云云，其目弗可考耳。

張衡集亡　本書引張衡曰一條。案《隋書》《經籍志》有後漢河間相《張衡集》十一卷，又注云「梁有十二卷，又一本十四卷，亡」。《唐書》《經籍志》《張衡集》十卷。是其書隋唐間已有散逸，而今傳本則又由後人裒集而非其舊矣。衡《後漢書》有《傳》。順帝永和初衡出爲河間相，故《隋志》稱河間相也。惟本書引衡「山柿」乃《南都賦》文，亦見《文選賦部》乙。其據衡《集》，抑出《文選》，蓋難考矣。

李尤集亡　本書引李尤曰一條。案《隋書》《經籍志》云「梁有樂安相《李尤集》五卷，亡」。尤字伯仁，見《後漢書文苑傳》。《傳》云：「順帝立，遷樂安相，年八十三卒。所著詩賦銘誄頌《七歎哀典》，凡二十八篇」。此二十八篇，當即梁有之五卷也。本書引「鴻柿苦瓜」句，《太平御覽》（《果部》八）引作李尤《七款》。案《七款》當即《七歎》之譌，而其在二十八篇之內可知也。

延篤集亡　本書引延篤曰一條。案《隋書》《經籍志》有後漢京兆尹《延篤集》一卷。篤字叔堅，《後漢書》有《傳》。《傳》云：「所著論銘書應訊表教令凡二十篇云」，似《隋志》著錄一卷非其全也。本書引「張騫大宛之蒜」句，據《太平御覽》（《菜部》二）引作延篤《與李文德書》。然案

《篤傳》載前越嶲太守李文德素善於篤，時在京師，謂公卿曰：延叔堅有王佐之才，奈何屈千里之足乎。欲令引進之。篤聞乃爲書止文德曰云云。其文竟不在書中，殆與文德不祇一書也。

蔡邕集亡　本書引蔡伯喈曰一條。案《隋書》《經籍志》後漢左中郎將《蔡邕集》十二卷，注云「梁有二十卷，錄一卷」。《唐書》《經籍志》《蔡邕集》二十卷。蓋邕《集》南朝梁亡後已無全帙，惟北地尚流傳其本，故至唐世而復出也。今所行十卷本，雖傳自趙宋。然實爲後人綴輯之本，非由二十卷遺存之殘篇。如本書所引「有胡栗」句，即弗見十卷本中亦其證也。又案《漢魏百三家集》本有《胡栗賦》，《序》云「人有折蔡氏祠前栗者，故作斯賦」。文見《藝文類聚》《果部》，蓋賈君即引《邕集》《胡栗賦》也。

魏武帝集亡　本書引魏武帝《上九醞法奏》一條。據李善《文選注》（《南都賦》）引《魏武集《上九醞酒奏》，知其出《魏武帝集》也。案《隋書》《經籍志》《魏武帝集》二十六卷，注云「梁三十卷，《錄》一卷」。《唐書》《經籍志》云《魏武帝集》三十卷。蓋亦南朝梁亡後佚脫四卷，北地傳其全帙至唐而復出也。本書引《上九醞法奏》，《文選注》作《上九醞酒奏》。案原目似當作《上九醞酒法奏》，本書引「九醞春酒法」句可證也。兩書所引，蓋互省一字。然案《西京雜記》云「宗廟八月飲酎用九醞太牢」，又云「皇帝侍祠以正月作酒八月成名曰酎一曰九醞」。則其去酒而稱九醞，文自可通。而《文選注》省一法字，幾若操進獻其酒而非法矣。

陳思王集亡　本書引陳思王曰三條。一云陳思王曰，一云陳思王《謝》曰，一云陳思王《宜男花頌》，蓋皆出《陳思王集》也。案《隋書》《經籍志》云魏陳思王《曹植集》三十卷。而《唐書》《經籍志》一云魏《陳思王集》二十卷，一云魏《陳思王集》三十卷。是原帙三十卷，唐世所行已有兩本之異。今傳本《曹子建集》十卷，其卷目與《宋史藝文志》著錄者同。蓋亦後人綴輯之本，而其散佚者多矣。本書引寒者不貪尺玉云云，其文不見今《集》。引奈以夏熟云云，《集》作《謝賜奈表》。「恩以絕口爲厚」句，《集》作「恩絕以口爲厚」。蓋其文即輯自《藝文類聚》（《果部》），又誤其「恩施以口爲厚」爲恩絕（案此施字似由《類聚》校者妄以意改。蓋「以絕」二字原文誤倒，輯《曹集》者所據猶是《類聚》未改本也）。不知《太平御覽》（《果部》七）所引《謝表》全文，尚作「甘以絕口爲厚」也（甘亦校者所改）。又引《宜男花頌》云「世人有女求男，取此草食之，尤良」。今案《集》中《宜男花頌》無此文，而《御覽》（《百草部》一）引嵇含《宜男花序》之文則與此同。以賈君於引陳思王《頌》後，別出嵇含《宜男花賦序》。而兩條並列，似不致有誤。至《御覽》所引，則無陳思王《頌》。意者：《御覽》原引嵇《序》曹《頌》兩條，傳抄之本誤合爲一。致嵇《序》失其本文，而曹《頌》又失其目歟。

傅玄集亡　本書引傅玄賦三條。其一並著篇目云傅玄《朝華賦序》。而所引「河沂黃建，房陵縹青」句，據《太平御覽》（《果部》五）引作《李賦》，知爲《李賦》之文。以是而推其引有棗若瓜出自海濱云云，亦似當爲《棗賦》矣。又案《晉書》《玄傳》云「文集百餘卷」，《隋書》《經籍志》云晉司隸校尉《傅玄集》十五卷，又云「梁有五十卷，《錄》一卷，亡」。《唐書》《經籍志》云《傅玄集》五十卷。蓋其書歷有散佚，南朝北地所傳已非全帙。而賈君所見，其即五十卷本歟。

張載集亡　本書引張孟陽《瓜賦》一條，《藝文類聚》（《菓部》）《太平御覽》（《菓部》三）均引作張載《瓜賦》。孟陽爲張載字，《晉書》有《傳》。案《隋書》《經籍志》有晉中書郎《張載集》七卷，又云「梁一本二卷，《錄》一卷」。蓋當時所傳已有繁省兩本，而《唐書》《經籍志》所著錄《張載集》三卷當亦其所謂《梁》之一本也。

潘岳集亡　本書引潘岳《閒居賦》二條。案《隋書》《經籍志》有晉黃門郎《潘岳集》十卷，《唐書》《經籍志》同。《宋史》《藝文志》《潘岳集》七卷，蓋已有所散遺矣。岳字安仁，《晉書》有傳。惟《閑居賦》亦見《文選賦部》，本書所引之文且與之同。其出岳《集》，抑出《文選》，殊難考耳。

潘尼集亡　本書引潘尼文三條，其一云《朝菌賦》。餘二，云「西域之蒜」，云「南夷之薑」，據《太平御覽》（《菜都》二）引作潘尼《釣賦》，知亦爲賦文也，尼字正叔，見《晉書》《潘岳傳》。案《隋書》《經籍志》有晉太常卿《潘尼集》十卷，《唐書》《經籍志》同。《宋史》《藝文志》弗著錄，蓋宋初其集已佚矣。

左思集亡　本書引左思《吳都賦》一條，左思曰一條。案《隋書》《經籍志》有晉齊王府記室《左思集》二卷，又注云「梁有五卷，《錄》一卷，亡」。《唐書》《經籍志》云《左思集》五卷。蓋亦南朝梁亡後傳本缺略，北地猶得其全故至唐而復出也。又案本書引《吳都賦》云「綸組紫菜也」，據《文選》《吳都賦》云「綸組紫絳」並劉淵林《注》云「紫紫茱，絳絳草也」。似賈君所引原作「綸組紫絳，注云紫紫茱也」，傳本偶脫紫絳注云紫五字耳。又引左思曰「胡畔之柹」句頗似賦語，惜其目弗可考已。

陸機集亡　本書引陸機文三條。一云陸機《瓜賦》，一云陸機《與弟書》。其一云陸機曰，據《藝文類聚》（菓部）所引亦《與弟書》也。機《晉書》有《傳》，《傳》云「所著文章凡二百餘篇」。案《隋書》《經籍志》晉平原內史《陸機集》十四卷，又注云「梁四十七卷，錄一卷，亡」《唐書》《經籍志》《陸機集》十五卷。《宋史》《藝文志》《陸機集》十卷則其文爲篇二百餘，爲卷數十。至唐以降，歷有散遺。今傳本十卷雖與宋志合，實亦後人綴輯之本而非舊帙。如本書引機《與弟書》，歷見《藝文類聚》《太平御覽》，而今集弗載，亦一證也。

嵇含集亡　本書引嵇含《宜男花賦序》一條。案《隋書》《經籍志》云「梁有晉廣州刺史《嵇含集》十卷，《錄》一卷，亡」。《唐書》《經籍志》有《嵇含集》十卷，當即南朝所亡之本而北地流傳未絕者也。

沈充集亡　本書引晉沈充《鵝賦序》一條。案《隋書》《經籍志》云：「梁有吳興太守沈充集一卷，亡」。充字士居，《晉書》有《傳》，然不云爲吳興太守。據劉孝標《世說新語注》引《晉陽秋》稱充吳興人。及《異苑》載晉元帝永昌中張茂爲吳興太守，值王敦問鼎，遣充殺之而取其郡。則充以吳興人殺太守而取其郡，當即代茂郡守之職矣。然此爲王敦謀逆中所授之職，豈得謂之太守乎。

曹毗集亡　本書引曹毗《湘中賦》一條。案《隋書》《經籍志》晉光祿勳《曹毗集》十卷，注云「梁十五卷，《錄一卷》」。《唐書》《經籍志》云《曹毗集》十五卷，則亦北地流傳之本而復見於唐世者也。毗晉成帝時遷光祿勳，《晉書》有《傳》。

王彪之集亡　本書引王彪之賦二條，一云《關中賦》，一云《閩中賦》。案《隋書》《經籍志》載晉光祿《王彪之集》二十卷，《唐書》《經籍志》同。彪之晉簡文帝時爲尚書僕射加光祿大夫，《晉書》有《傳》。

俞益期牋亡　本書引《俞益期牋》三條，其一云俞益期《與韓康伯牋》。案酈道元《水經注》（《溫水》）稱豫章俞益期性氣剛直，不下俗曲。容身無所，遠適在南，與韓康伯書。考韓康伯爲晉安帝時人，益期與之同時當亦東晉末人，而其居里時世可考者亦僅此已。

以上考證《要術》引用各書：計經部三十種，史部六十五種，子部四十一種，集部十九種，合四部共一百五十五種。諸書皆據其明著書名，與見諸類書所引之有書名可考者。而其載事述文弗著書名及類書無考者，尚不下數十種。如賈君《自序》敘崔寔王丹諸事並見《東觀漢記》及華嶠范曄《後漢書》，未能確指其所出者一也。卷三引魯秋胡曰「力田不如逢年」見今本《列女傳》，未便徑指其出《列女傳》者二也。卷七引朗陵何公夏封清酒法疑出家製之方，未必竟有其書者三也。卷三引韋弘《賦敘曰「羅勒者生崑崙之丘出西蠻之俗」，其人無考者四也（《漢書》韋玄成兄名弘，然《志》無弘《賦》，未必即其人也）。凡此之類，悉置不論。用存闕疑之義，庶免曲鑿之譏。而其糾繆補遺，是又所望於讀斯文者也。

復辛樹幟第二次信

樹幟院長：接到元月十八日來信，和石教授新箸的《從齊民要術看中國古代的農業知識》同《要術三卷校釋》，使我心裡非常高興。石先生校釋的細密，也使我十分敬佩。整理總結中提到日本影印的金澤文庫本，我想就是《經籍訪古誌》所說的尾張眞福寺舊抄卷子本。當然，這是比明鈔更重要的一個本子。金澤本所缺的第三卷，按陸心源儀顧堂題跋卷六，有影寫宋刊本七卷。據陸《跋》所記行款，完全和明鈔本相同。及《跋》中記校秘函本的僞脫處，大致和明鈔本相同。應當是所傳校宋本的底本，也就是以前推定的南宋本。據我以往校明鈔本時，感覺到明鈔所據的底本，是一個字跡比較模糊的印本，所以有字形錯誤和空等的字。影寫宋刊本似乎還不這樣，例如魯秋胡語下的豐年句沒有把年錯成者字，就可以證明這一點。校宋本藏書家當有收藏者陸藏的影本可能還在日本。假如能夠借到這兩個本子，和明鈔讎對校定，就可以補足卷三的缺欠，使新校成爲一個比較完善的本子。這一點是應當注意，盡可能的力量去作的。在匯校各本以外，還應根據各類書和《農桑輯要》等書參校。並且對於這些依據的書，也應當規定其版本。例如《農桑輯要》的元刊本尙不難搜求，明代也有幾個刻本。據我所見胡文煥的刻本，雖然錯字空等不少。但比起清廷的聚珍本，還有多少不誤的字。使我們在校字的時候，不至引起不應有的錯誤。以上的說法，雖然繁瑣些，甚至推遲工作的時間。但這是校理古書應有的規則，我們應當不厭其煩去作的。至於校勘的方法，應用文字條例，更不是幾句話說得完的。現在先將我認爲校釋中應有商榷的幾點，和我以前據類書校字四條，一併寫在後面，作爲我對於這一工作眞誠的貢獻。

〔附記〕舊作《齊民要術版本考》，所舉《農桑輯要》聚珍本經館臣誤改處，卷二麻條引《要術》「至後十日爲下時」注「言及澤急也」，急下刪「說非辭」三字。「布葉而鋤」注「頻翻再徧止」翻本作煩。「生熟合宜」注「太爛則不任挽」衍挽字。「最爲柔韌也」，韌本作肕。胡文煥本除肕誤作肋外，餘悉與《要術》同，尤見館臣之妄陋也。

種葵第十七

柳鑵，是灌園用的水斗，俗呼倒鑵頭，也叫栲栳子。現在菜園所用的水斗，一般是用柳條編的。但也有用鐵皮製成的，所以字從金旁作鑵了。鑵字今通作罐，其實都是後起的通俗文字，所以《說文》原本沒有這兩個字。至於這種水斗叫著鑵的原因，大約是因其灌溉的作用而起，因此用柳條編的罐，也就隨著呼爲柳鑵。（聽說北京俗呼柳鑵，姑記於此，以待訪問。）石先生提到「現在多用陶器」的話，或者是根據某一個地方說的，因爲在山東方面的菜園裡，還沒有見到用陶器的水斗。雖然農村有用瓦罐打水的，只是日常用水才這樣做。俗諺「瓦罐不離井沿破」，是說瓦罐汲水容易破，當然不適用於灌園，所以才有柳罐、鐵罐了。

〔附註〕《洛陽伽蘭記》卷一記景樂寺有甘井一所，右槽鐵罐供給行人飲水，是元魏時有鐵罐之證。《河南誌》載此條云：鐵罐是本字從金之證。《要術》鑵字爲賈氏原文，未經後人改作罐，可據以定之。《洛陽伽蘭記》作於武定五年，在賈氏卒後七年，字當作鑵。《河南誌》爲宋人所修，猶未誤知。字本作鑵，爲明刻所改字矣。

蔓菁第十八

及蘘（人文反）菹者。蘘字音反人下的字。因爲明鈔影印本的縮小版幅，雖然無法辨認是丈是文。但據《玉篇・艸部・蘘注》云：「女亮切，菜也，菹也，《說文》云而丈切。」可以證明原注是丈字。又按《廣韻》蘘字兩收，一在上聲三十六養音如兩切，一在去聲四十一漾音女亮切。上聲的如兩切，和《說文》的兩丈切，及賈注的人丈反，雖然切語的字不同，但其切音完全一樣（人如同屬日母，丈兩同隸養韻。）這是可以參互考證其然的。根據《廣韻》的注解，上聲云：「蘘菜爲菹」，去聲云「菜也」，是把蘘字的兩音分配作兩個字義讀的。這種讀法雖然合於一般以四聲分別字義的規律。但我們就《五篇》的注解加以推求，六朝時並不是這樣讀的。因爲《玉篇》是顧野王在蕭梁時代所作的字書，當然要以南朝所流行的字音作準則。所以《玉篇》音注的條例，凡一字同義而有兩個音的，就在本字下先提出兩個音切，然後注出其字的訓解。若是一字兩義而有兩音的，就在第一音切字義以後，另出一個又音和字義了。因此我們可以推見蘘字的音注，其首先出的女亮切是南朝通行的字音，以下菜菹兩訓是依著這個通行音讀的。兩訓後復出的說文音，不過據其舊音以存異讀，已不是南朝行用的字音。所以《玉篇》注中的女亮切，可定爲六朝時的南方音。賈著《要術》成於東魏初年，在顧撰《玉篇》前約略十年。其於蘸下音人丈反，同於《說文》的而丈切。當然是自漢以來的字音，也就是六朝時的北方音。因此，我們可以推定蘸字菜菹兩訓本讀一音，不過六朝時南、北音有上聲、去聲的不同而已。同時，也可據以推見《廣韻》去聲的收蘸字和兩義、兩音的讀法，是出於唐人據《玉篇》的音切增定的。至於《說文》云而丈切，應當是魏、晉以來的舊音。現在的徐鍇《繫傳》本音女向反，和徐鉉校定本云女亮反，是因二徐爲南唐人，依南方音反改定的。從宋以來，大都依隨二徐以女亮切爲正音，所以元人纂修《農桑輯要》，採用《要術》這段文字，就把賈氏原注的《人丈反》依照今音改作《女亮切》了，（此據明胡文煥本）。我們根據以上的考定來說，《輯要》爲元人纂修的新書，改舊音反切是可以的。學津討原本是校刊賈氏的《要術》，並不是自己的纂作，其據聚珍本《輯要》改作「女亮反」，就不能不說是黃廷鑑的無知。

全擲乞豬。乞是從气減一筆的新字，本來是依聲借气爲字的。因爲這種借字包含予、求兩個意義，爲要把它們分成兩個不同的字體，最初原是用气爲給予字，用減一筆的乞爲乞求字。後來又廢气字不用，便通統寫作乞了。這是從合而分，又從分而合的一段過程。現在書本上都寫作乞字，唯俗書改用給爲給予字。所以本文的乞當解作給予，也就是現在通俗的給字。

詔曰橫水爲災。這是東漢桓帝永興二年六月的詔文，見《太平御覽》九七九引的《東觀漢記》。但《漢記》的詔文是《煌水爲災》和《要術》引的有一字之差。按《續漢書・五行誌》和《後漢書・桓帝紀》，考查這一年六月的災害，有「京都蝗」和「彭城泗水增長逆流」兩件事，很合於「蝗水爲災」的詔文。雖然《桓帝紀》把「京師蝗」的記事次在詔文之後，和詔文分作「蝗災爲害水變仍至」兩句的差異，但蝗災水變仍是所謂爲災的蝗水，可據以證明原詔是指的蝗和水兩件事。至於《要術》引作橫水，因蝗字自魏、晉以來有皇、橫兩個音讀，據宋庠《國語補音》的說法，北宋才專讀皇音，推想詔文作橫應當是在橫音盛行時的錯字。其爲漢記傳本的誤字，還是《要術》傳鈔的錯字，現在尚不能確定。

〔附注〕宋庠《國語補音》㈠注蝗云，黃、橫二音，補音，户光反，又華孟反。今案《爾雅・釋蟲》訓蝗爲華孟反，字林乃音皇耳。《說文》榮庚反，范宣音，《禮記》作橫，《聲類集韻》并音皇爲橫，後儒讀史傳者一之于皇矣，亦不知有華孟之音。陸游《杜門詩》燒灰除菜蝗，自注云蝗讀如橫字去聲。

程大昌《演繁露》云，按《唐韻》蝗一音橫（去聲），則俗呼爲橫非無本也。《廣韻》去聲四十三映蝗注，蟲名，户孟切，又音蝗。

諺曰生噉蕪菁無人情。按本注上下文意來說，賈氏是因蘆菔可以生食，蕪菁不可生噉，來駁正方言「蕪菁紫花者謂之蘆菔」的說法。其引諺語是證明蕪菁不可生噉的，恐非多種蕪菁法的錯文。

種蒜第十九

冬寒取穀得布地。明鈔本得字作耨。按《要術》中穀得的得字，傳本原有作耨與得的異文。唐朝傳行的寫本作耨。《廣韻》入聲廿五德耨注「穀耨見齊人要術」，這是孫愐所見的唐本。宋崇文院的刻本作得，《集韻》入聲廿五德得注「穀穰也」，這是三度所見的院本。按照文字條例，穀得字從禾，原是合理的。但得、耨兩個字體，在唐以前的字書並沒有收錄，無法推斷《要術》原文是怎樣寫的。根據傳本的源流，崇文院本出自舊寫本，其字作耨本於舊寫，還是出自館閣校勘改正，雖然也是無法推定的，但據明鈔錄自南宋本，南宋本源出崇文院本，其字作耨為南宋據《廣韻》所改無疑。石先生校改明鈔耨字作得，以復北宋崇文院本的舊文，我認為這是正確的校字。不過在沒有弄清楚得、耨兩字來源以前，還不能斷定明鈔是出於偶然的筆誤。

種胡荽第二十四

穭生。按穭字見張揖埤蒼，稆字見《後漢書．獻帝紀》。據《東觀漢記》「野穀旅生」和《說文．禾部》無穭、稆字，疑其為漢末民間通行的字。自張揖收穭字入埤蒼為見字書之始，所以後來的《玉篇》、《廣韻》也都收了穭字。直到《集韻》才收稆字為穭的重文。據《注》云「或從呂」，應為穭的或體字。《獻帝紀》「自出采稆」，《注》云「稆與穭同」，或者就是《集韻》定爲或體的根據。但清朝的《康熙字典·禾部·稆注》云「集韻穭本字」，卻錯誤地把原注文的「或從」說成穭的本字了。大約他們是因爲《玉篇》、《廣韻》的音在語韻，穭從魯聲的魯字在姥韻，不如稆字呂聲的音準確，所以認爲稆是它的本字。其實《漢記》「旅生」的旅字本有魯、呂兩個音讀：《說文·㫃部》旅下重文《注》云「古文以爲魯衛之魯」是古文讀旅作魯音的。《公羊傳》宣十八年經「楚子旅卒」的旅字穀梁經文作呂，（呂是穀梁學者據師讀音的改字），是今文讀旅作呂音的。以上爲字音的考證。根據現在的語音來說，山東民間的流行語，自生穀曰旅生子，不經師授而會作的曰旅生活兒，都是取其自生自發的意思，和漢語旅生原意是符合的。各地方的語音也有魯、呂之別，和字音的兩讀也是相同的。大體說來，魯東語呼作魯，魯西語呼作呂，這是因爲各地發音動作的異樣，才形成了語姥兩韻不同的語音，並不是同一地方有這兩種呼聲，因此之故：我認爲從旅而起的穭、稆兩個字，是人民各隨其地方語音而造的。穭字本音讀如魯，稆字本音讀如呂，是兩個同義而不同音的字，本來不應當讀作一音。至於張揖收穭字入埤蒼作何音讀，因其原書散亡，已無法知道。現在根據《要術》本文《穭注》「音呂」，和《玉篇·穭注》「力與切」，（按《萬象名義·禾部·穭注》「力渚反」，知今本《玉篇》尚存顧音未改。）李賢《後漢書注》「今字書作穭音呂」，《廣韻》上聲八語穭音力舉切，似乎六朝與唐通同讀穭作呂音了。據我的推測，大約是某一字書，或者就是埤蒼，按照他本地語音作反切，後來的字書因仍用之，遂成爲穭字的正音，不再問及呼魯的地方音。這也是因爲在宋以前通以穭爲字的正體，至宋始改用稆而廢穭字。（《唐書·馬燧傳》），劉昫本「至秋界中生穭穀」句，歐陽本改作「是秋稆生子境」，可以證明這一點。」所以宋以前的人不得不把穭字讀作呂音。清字典沒有了解到這一點，所以才誤認稆爲穭本字了。

蘘荷芹蘧第二十八

以穀麥種覆之。種字在本文中不講，其爲錯字是無疑的。據津逮本作種與此相同，應當是出於宋本的錯誤。石先生說「可能是䅋或稃寫錯的」。按照字義來說，稃字比較合理。但字的音和形相去稍遠，似無錯成種字的可能。䅋字據本書穀䅋的名稱，和書本上稱麥穖爲麥䅋，（卷五的麥䅋暫存疑），合而謂之穀麥䅋，也是合理的。不過䅋的名稱，原是農村語。據我所知道的，是指著脫粒的穗。所以穀穗脫去穀粒後叫著穀䅋。但是麥穗脫去麥粒後，卻叫著麥穖，也沒有混合穀䅋麥穖叫著穀麥䅋的。而且用穀麥䅋覆蓋避寒凍是否相宜，還是要加以研究的。因爲我認爲在稃、䅋兩字而外，唯有穅與種的字形相近，可能是穅字的錯寫。（北宋本穅字作糠，這一點還須注意。）

潘泔及鹹水。潘字本有普官、孚袁二切。據《卷本玉篇》的音注，淅米汁的潘字音孚園反，人姓的潘音普寒反。《經典釋文》的音義，《禮記》「潭潘清醴」的潘音芳煩反，《左傳》「蕩侯潘子」的潘音普干反，其分別兩義、兩音的讀法是很明白的。後來的切韻，雖把淅米汁的潘改爲今字䊩，收在二十一元䊩類孚袁反下，《注》云「汏米汁」，把人姓潘的切語下字改爲合口音的官，收在二十四寒，《注》云「普官反人姓」。雖然字形切語有更改，但兩義、兩音的分別還沒有失去古來的讀法。到了宋修《廣韻》，根據孫愐唐韻，以音呼開合把寒韻分爲寒、桓兩個韻，並分收潘字入桓韻中，把原注改作「淅米汁又姓」，又把元韻中⿰氵⿰米番字原注「汏米汁」刪作「米汁」。於是淅米汁的潘和米汁的⿰氵⿰米番，幾乎成爲不同音義的兩個字。丁度修《集韻》是懂得這一點的，所以他根據《禮記・鄭注》改正《廣韻》二十二元⿰氵⿰米番注的錯誤，並據《禮記》文字列出「潘⿰氵⿰米番」兩個字體，《注》云「米潤也或作⿰氵⿰米番」，但也沒有能夠糾正《廣韻》二十六桓《潘注》中竄加「淅米汁」的錯失，反而依著徐鉉《說文・水部》潘下普官切的誤音，把《注》文改作《說文》淅米汁也」。於是淅米汁的潘讀作普官切，遂成爲正式的標準音，所以元纂《農桑輯要》，據桓韻《注》云「普官切淅米汁」了。漸西村舍本作「孚袁反米汁」是據《元韻》的⿰氵⿰米番注，是合於《五篇釋文》的讀法，而勝於元人的。因爲賈氏是元魏時代的人，潘字的讀法，梁陳隋初還未錯誤，不能依據唐宋人的誤音定其是非的。至於韻會十三元潘注「米闌集韻或作⿰米番」，《康熙字典・水部》潘注「集韻韻會米爛也」，都和原書不合，更不足據了。

雜說第三十

可作棄蛹以禦賓客。棄蛹爲棗糒字，誤是無疑的。棗字古體寫作枣，省略寫作来，便和棄字形近。《太平御覽》八六〇引四民月令「四月可以作早糒」，早是棗字的音誤，蛹是糒字的形誤，是很明顯可見的。又《康熙字典・米部》糒注，「四民月令四月可以作棗糒以待賓客」。雖然不詳其引文的根據，但字作「棗精」是完全不錯的。因此也可以知道尤溪精舍本改作「棗精」，是有其來源的。

止痢黃連圓霍亂圓。按明鈔所據的南宋本，改北宋本的尺字作赤，丸字作圓字，既有五、八兩卷的明證，本句兩圓字原文作丸是無可疑的。石先生既把明鈔的赤字改復作尺，這兩個圓字也應當一律改復作丸，以免引起讀者的疑問。至於上文雌黃治書法的「丸如墨丸」並不避改作圓，是因爲第一個丸字作動詞用，不能強改爲圓字，所以才勉強地把這兩個丸字保留下來。按照宋諱條例刊刻書籍者「皆爲字不成」，這是可以用闕末筆的辦法來應付的。如明刻《鮑照集·舞鶴賦》「九劍雙止」句，就是因著宋本丸字闕筆錯成九的。據此也可以知道明鈔兩丸字的點是抄者或後人加的，就不至於因著上文丸字，疑及本句的圓字了。

取蟾蜍注以合血疽瘡藥。按《藝文類聚·歲時部》引作「五月五日取蟾蜍可合惡疽瘡」，《太平御覽》九四九引作「五月五日取蟾蜍可治惡疽瘡」。兩書所引雖不免刪並失實，但血爲惡的錯字是可據以改正的。

秋葵下有小葵生牛貴。按《藝文類聚·草部》牛下有馬字，當據補。

再欲苦樂善一心可知不。按《藝文類聚·草部》引作「吾欲知苦樂善惡可知否」，《太平御覽》十七引作「吾欲知歲苦樂善惡可以否」。據兩書所引，本文欲下脫知歲兩字，善下爲惡字墨脫誤爲一心兩字，當據以補正。

歲欲流流草先生蓬。按《太平御覽》十七引作「歲欲淄淄草先生蓬也」，本文兩流字當爲淄的錯字。據臨淄字漢碑作菑，淄川字漢器作甾。淄當讀爲菑，菑即荒災之災。津逮本改字作荒，雖不失其原意，但非原文的字。

以上十幾條是據我個人見到的寫出，當然不能都是對的。所以希望石先生指正其中錯誤的地方，使我們對於《要術》的整理，可以做到更完善的地步。

欒調甫　五月十四日

〔附錄二〕

《齊民要術》的研究者欒調甫

《齊民要術》是我國最古老的一部農業書，也是有關山東省農業的一部古書。這部書文詞古奧，奇字難讀，千年冷落，亘古無人問津，而該書作者賈思勰的生平在古書中又是無史無傳可考，僅見《要術》上有「後魏高陽太守賈思勰撰」的字句，因而千百年來形成「賈思勰之謎」。

一九五五年四月全國整理祖國農學遺產會議上，《齊民要術》得到國家的高度重視，被列入「國家全書校釋書目」之中，責成西北和南京兩農學院共同負責《要術》的全書校釋工作。《要術》的作者賈思勰也被國家選定爲「我國古代唯一的純粹農業科學家」而載入史冊。

這次會議在研討《齊民要術》時，又公認當代山左一代學者欒調甫爲「《齊民要術》研究開創之人」、「賈學第一功臣」。翌年一月，西北農學院辛樹幟院長在與欒調甫的翰墨往來中寫道：「一千四百年前，我國農業寶貴遺產若非先生喚起注意，決無今日石君等之研究也。」他那早年對《齊民要術》研究的成果，銷聲匿跡了三十年，又重顯于世，引起一些學人和古學愛好者的極大興致和關注，爭相前往求教，欒調甫居住的大雜院裡，一時信來人往熱鬧非凡。

欒調甫素有助人爲樂之風，他不僅對酒逢知己、棋逢對手的學人每訪必納，暢談竟日無厭，即便是一般人士，哪怕是目不識丁的人，他也總是有求必應，有問必答，說古道今，沁人心脾。如今，要談論《齊民要術》，他更是樂此不疲，歡迎一切前來共商賈學的人，除了他性情好客之外，這也是國家對《要術》的決策極大地鼓舞了他，他深感國家這一決策的正確、適時。回顧《要術》東傳扶桑，曾引起日本學者的深厚興趣和重視，設立《齊民要術研究會》，進而形成一門新興的學問——「賈學」，他們多年的研究，頗有創見，比照之下，我國重行整理《要術》，已是刻不容緩、急需迎頭趕上的事。他耐不住內心的喜悅，函告辛樹幟院長說：「這也是我二十多年來期望實現的，所以內心的愉快是不可言喻的。」他堅決響應國家這一號召，毅然決定暫時割愛他那耗費半個多世紀、五十餘萬言《文字學》舊稿的整理，全力以赴投入《齊民要術》的整理工作之中。

欒調甫二〇年代對《齊民要術》的研究，始於對《齊民要術》全書的注釋，閱讀過他手稿的人，皆爲其一絲不苟的文風所感動。這份原稿毀于日寇侵華戰火之中，聞者莫不爲之惋惜。及至五〇年代，農學界在籌備譯釋《齊民要術》時，辛樹幟院長從山東大學教授鄭鶴聲那裡得知欒調甫對《要術》有過研究。鄭鶴聲是欒調甫的同事好友，三〇年代曾看過欒調甫那份手稿，他向辛樹幟介紹了欒調甫其人，推荐其稿，及至西北農學院「今釋稿」初成，辛院長又拜托欒調甫的摯友、史學家顧頡剛函請欒爲其著重審定「今釋稿」中的第三卷初稿，辛說：「此一卷高山寺本及金澤庫本皆缺，校勘頗難，錯誤當多。」欒調甫義不容辭地重行爲之考據、審定，有的一辭之釋，洋洋灑灑上千言，原著存疑之處，他破疑而解，皆作定論，《今釋本》成書中皆多引用。

欒調甫對《要術》的另一貢獻是他在三〇年代初寫成的十萬言有關《要術》的考據，計有：《齊民要術作者考》、《齊民要術版本考》和《齊民要術引用書目考證》，即世稱的「《齊齊民要術》三大考證」。《版本考》是考證《要術》從北宋刊刻起，一直到辛亥革命各種刻本的源流，並批判其校刻的得失。《引用書目考證》是將《要術》引用的一百幾十種書，按舊的四部分類，考證各書的提要，以利資料的運用（以上二考曾刊載于齊魯大學《國學匯編》中）。《作者考》考證《要術》作者賈思勰，考據出賈思勰即賈思同，首破《要術》作者之謎，南京農學院萬國鼎教授稱道：「這一發現極爲重要，使我們對賈氏得到較全面的了解。」該學院曾兩度著人北上濟南，求教于欒調甫，並約稿《作者考》，以求刊載學院學報中。

欒調甫早年之所以精雕細刻地研究《齊民要術》，也是人書有緣，事出有因。他出生於上海，但他的祖籍在山東，他以山東人而自居。他在上海度過了84個春秋的前三十年，卻念念不忘齊魯文化故土情。十四歲立志獻身整理國故，有整理本鄉本土文化遺產之想，他熱愛祖輩生息的家鄉蓬萊，因而盡收、考據家鄉的鄉史、鄉賢、鄉情、鄉俗、鄉語……不一而足。至一九二〇年他返回山東，又著手搜集、整理齊魯先哲遺著，並與學友共謀爲之出版面世。作爲一名山東人，整理這部山東先哲有關山東農業的專著，更是義不容辭、責無旁貸的事。

五〇年代，山東人民出版社積極響應國家整理祖國農學遺產的號召，曾將欒調甫對《齊民要術》

的「三考」列入一九五七年出版計劃，只是由於「氣候」的變化，一切付諸東流，「三考」原稿曇花一現，就被束之高閣。「文革」伊始，原稿身經「破舊」的洗禮，及至從亂紙堆中搶救出來，業已脫葉致殘。如今，欒調甫早已謝世而去，他那死裡逃生的手稿，其經濟效益微乎其微，其社會效益也是日薄西山，給人們留下來的只是這位《齊民要術》研究開創之人的那種嚴謹治學、厚人薄己、公而忘私、拳拳熾熱的愛祖國古文化之心！

欒調甫與余修談《齊民要術》

《齊民要術》是我國最古老的一部農業書，頗有學術價值，但研究它了解它的人卻寥寥無幾。一九五四年，地方廣播電臺播放全國整理農業遺產會議的消息時，誤將《齊民要術》播成「齊民要求」，即爲一例。

早在三十年代初，欒調甫就對《齊民要術》進行了研究，爲全書作了校釋，並對《要術》的作者、版本、引用書目作了詳盡的考證（即《齊民要術》的三大考證）。在一九五四年全國整理農業遺產會議上，公稱欒調甫爲「《齊民要術》研究開創之人，賈學第一功臣」。

六十年代初的一天，欒調甫接到山東省副省長余修的電話，說他在院前古書鋪裡發現了一本《齊民要術》，看到書中有欒調甫作的跋，就買了下來。次日，欒調甫前去拜訪了余修，暢談了這個《跋》的來由。

那還是一九五六年，南京農學院萬國鼎教授得知，欒調甫考證《齊民要術》的作者賈思勰就是賈思同，揭開長期以來「賈思勰之謎」，他說：「欒調甫這一發現極爲重要」，隨即派該院劉毓泉來濟南欒調甫處求教，次年，又派惲寶潤前來濟南求教。惲寶潤並到賈思勰的故鄉壽光縣察看，賈思勰與賈思同爲同一人的事從此傳到了壽光縣。

縣裡有一位名叫東甫的人得知此事後，心中十分振奮，因爲賈思同是他鄉裡名賢，墓就在本鄉本土，賈思勰又被國家認定爲「我國古代唯一純粹農業科學家」。於是，他攜帶家傳的十卷本《齊民要術》來到濟南，求欒調甫爲其作跋，以茲紀念。欒調甫說這部《齊民要術》是明代萬歷年間的原印本，印本脫版不久慘遭火災，殘存至今爲數甚稀，可謂珍本，余修聽後特別高興。

余修副省長閱讀了欒調甫有關《要術》的幾篇著作，他還爲此組織了《要術》研討會，並積極推荐其稿，求其印行面世。不久，文革伊始，欒調甫那些《要術》手稿被橫掃進亂紙堆中。